KB098984

레이시즘

Race: Science and Politics

루스 베네딕트 지음 ｜ 조호근 옮김

서커스

레이시즘

일러두기

1. 이 책은 Ruth Benedict, *Race:Science and Politics*, The University of Georgia Press, 2019의 한국어 번역이다.
2. 본문 아래의 각주는 역자가 독자들의 책에 대한 이해를 돕기 위해 붙인 것이다. 저자가 붙인 주는 대부분 해당 인용문의 출전을 표시한 것이며 역주와 섞여 혼란을 줄 여지가 있어 본문 뒤에 미주로 수록했다.
3. 사이시옷은 사전에 등재되었어도 불필요하다고 판단되는 단어에서는 가급적 쓰지 않았다.

차례

서문

　모든 인류학자는 이런 일을 겪어 본 적이 있으리라 생각한다. 강의가 끝나고 특정 인종이나 국가가 선천적인 우위를 가진다는 레이시즘의 주장에 아무런 과학적 근거가 없음을 증명해 보였는데, 한 방청객이 자리에서 일어나 이렇게 말하는 것이다. '하지만 흑인은' ― 또는 일본인이나 미국 원주민은 ― '백인이 아니지 않습니까.' 그러면 인종의 차이점을 연구하는 데 상당한 노력과 시간을 바쳐 왔을 인류학자는, 그 자리에서 다시 한번 인종이 존재한다고 레이시즘이 성립하는 것은 아님을 설명해야 한다.

　인종이란 세심한 과학적 연구가 필요한 주제다. 레이시즘은 특정 인류 집단이 다른 집단에 비해 영속적인 생물학적 우위를 점한다는, 증명되지 않은 가정일 뿐이다. 그러나 인종과 레이시즘을 헷갈리는 사람은 일반 대중뿐이 아니다. 어딘가의 상공회의소에서 미국의 신참 이민자들을 적대시하는 인종 차별적 선전을 펼치고, 과학자들이 이에 반대하는 이론을 내놓을 때마다, 어떤 대학교수가 등장해서 이런 글을 쓰고 주장을 펼칠 것이다. '하지만 내 단언하는데, 인종은 명확히 구분되는 개념이다.' 그러면 지친 인류학자는 이렇게 대꾸하고픈 유혹에 사로잡힌다. '당신이 제시한 논점에 대해서는, 내 논문 목록의 지난 서른 편을 참조해서 확인하기 바랍니다.' 백 가지의 인종적 차이점을 즉석에서 댈 수 있는 연구자가, 동시에 인종차별주의자가 아닐 수 있다는 사실은 역설조차 될 수 없기 때문이다.

인종에 관한 사실과 레이시즘의 주장을 헷갈리는 일은 현대 사회에서는 거의 보편적인 현상이나 다름없다. 이 책은 그 두 가지 논점이 양극단에 존재한다는 사실을 밝히려는 의도로 구성되었다. 인종과 레이시즘은 그 역사도, 추종자도, 사용하는 자료조차도 완전히 다르다. 이 책의 첫 단원에서는 인종에 대한 과학적 지식을 열거했다. 두 번째 단원에서는 레이시즘의 역사를 개괄했다. 마지막 장에서는 다음 두 가지 질문에 대한 인류학자의 답변을 적어 보았다. '오늘날의 세계에서 레이시즘이라는 질병이 창궐하는 이유는 무엇인가?' 그리고 '어떻게 그 질병을 멈출 수 있는가?'

나는 이 책을 쓰면서 인종이라는 주제를 연구한 모든 이들에게 빚을 졌다고 할 수 있다. 특히 이 원고를 읽어준 우리 시대의 가장 위대한 인류학자, 프란츠 보아스 교수에게는 많은 신세를 졌다. 내가 이 책을 쓴 이유는 두 가지다. 하나는 지나치게 자신을 과시하는 인종인 우리 미국 독립전쟁의 후예들이, 인종차별주의자가 제공하는 부류의 우월감을 원하거나 받아들여서는 안 된다고 생각하기 때문이다. 다른 하나는, 레이시즘이 인류학의 여러 자료를 어떻게 왜곡하는지를 남김없이 드러내 보이는 것이야말로 우리 인류학자들의 의무라고 생각하기 때문이다.

루스 베네딕트

Race

1부

인종

1장 레이시즘: 현대 세계의 '주의'란 무엇인가

1880년대 후반, 프랑스 출신 아리안주의자 바셰르 드 라푸 지는 이미 다음과 같은 글을 남긴 바 있다.

'다음 세기에는 수백만의 사람들이 두지수*가 1도나 2도 정도 다르다는 이유만으로 서로의 멱을 따려 들리라 확신한다.'

얼핏 보기에는 세계 대전을 시작하기에 썩 괜찮은 이유처럼 보이며, 당시에는 분명 최신 개념이기도 했다. 과연 그는 옳았을까? 그 의미는 무엇이라 할 수 있을까? 두지수란 머리폭의 가장 넓은 부분을 머리높이로 나눈 값으로, 세계의 여러 부족과 민족은 다양한 평균 두지수를 가지게 된다. 비문명 상태인

---

* 頭指數cephallic index. 머리의 형태를 백분율로 나타내어 인종의 특징을 표시하는 지수.

야만인 중에서도, 권력과 교양을 갖춘 서유럽인 중에서도, 머리폭이 좁은 사람과 넓은 사람은 존재하게 마련이다.

온 세상의 머리폭을 수집하여 검토해도, 특정 두상이 위대한 운명을 타고났거나 일부 능력이나 덕성에 두각을 나타낸다는 명확한 경향성은 찾아볼 수 없다. 여러 유럽 국가나 미국에서 성취를 이룬 이들을 훑어보아도, 그들 중 일부는 머리폭이 좁고 일부는 머리폭이 넓다는 사실을 확인할 수 있다. 그렇다면 두개골 상부의 형태 때문에 '수백만의 사람들이 서로의 멱을 따려 들 것이다'라는 말은 대체 무슨 의미일까?

세계의 기나긴 역사 속에서 인류는 전쟁을 일으켜서 서로를 죽일 무수한 이유를 만들어냈다. 다른 사람의 비옥한 하류 경작지나 가축 무리를 탐내서, 추장과 왕들의 야심 때문에, 서로 다른 종교적 신념 때문에, 의분 때문에, 복수를 위해서. 그러나 이런 모든 전쟁에서, 양측 피해자의 두상은 보통 구별하기 힘들 정도로 비슷했다. 휘하 장병에게 적의 두상을 언급하면서 사기를 고무하는 전쟁 지도자 또한 찾아볼 수 없었다. 이교도, 야만인, 이단자, 무고한 여자와 아이의 학살자라고 매도한 적은 있어도, 두지수 82의 악당들이라 칭한 적은 없었다.

두지수를 이유로 들어 전쟁과 박해의 필요성을 설파하고 실행에 옮긴 것은 결국 고도로 발전한 유럽 문명뿐이었다. 다른 말로 하자면, 레이시즘이란 우리 시대의 창작물이라는 것이다.

양과 염소를 구분하는 새로운 방법론인 셈이다. 신약성서 속의 오래된 우화에서, 인류는 개인의 행실에 따라 분류된다. 한쪽에는 선을 향한 이들이 서고, 다른 쪽에는 악을 행한 이들이 선다. 반면 이 새로운 방법론은 인류를 유전적인 신체 특성에 따라 구분한다. 두상, 피부색, 코의 형태, 머리카락의 종류, 눈 색깔 ― 그리고 일부 특성을 지닌 이들은 연약하며 문명을 이룰 능력이 없다고 치부되고, 그 반대편의 이들은 온 세계의 희망 취급을 받는다.

레이시즘이란 새로운 칼뱅주의다. 특정 집단에는 우월성의, 반대편에는 열등성의 성흔聖痕이 새겨져 있다고 확신하기 때문이다. 레이시즘이 지목하는 적은 우리에게 적대 행동을 하는 자들도, 반대되는 신념을 지니거나 언어를 사용하는 자들도, 심지어 우리가 가로챌 수 있는 부를 소유하고 있는 자들조차도 아니다. 선천적으로 물려받은 해부학적 형질에 따라 적이 결정되는 것이다. 표범은 제 무늬를 바꿀 수 없으며, 그 무늬를 보면 표범임을 알 수 있기 때문이다.

따라서 특정 개인에게 있어, 레이시즘이란 이 세상에서의 파멸 또는 구원이 선천적으로 결정되어 있음을 뜻한다. 한 개인이 선량한 삶을 살았다 해도 균형을 어그러뜨릴 수는 없으며, 옳은 부류의 신체를 지닌 이는 악한 삶을 살 수 없다. 생득生得의 권리에 따라 특정 '인종'의 일원은 고위 카스트의 존재이며 다른 '인종'의 희생을 바탕으로 누려 마땅한 지위에 오를 권리를 지닌다. 이런 이들은 개인적 성취나 미덕에서 자부심을 얻을 필요가 없다. 고위 카스트를 타고난 사람이기 때문이다.

이런 레이시즘의 공리는 인종에 대한 다른 주장으로 이어진다. 인류 역사에서 위대한 운명을 실현하게 해 주는 이런 '좋은' 해부학적 특성은 오로지 순혈 인종만이 독점한다는 것이다. 인종차별주의자들은 역사를 고쳐 써서 그런 인종의 후예들에게 길고 화려하며 가문의 문장紋章처럼 만족스러운 느낌의 조상의 계보를 제공한다. 그리고 그 인종의 힘과 활력이란 자연의 법칙이 부여한 불변의 것이라 확언한다. 그러나 열등한 혈통에 의해 순혈의 계보가 오염되는 것만은 반드시 피해야 한다. 그런 일이 벌어졌다가는 혈통의 타락으로 인해 인종의 우월성이 사라질 것이기 때문이다.

전 세계의 최근 세대에서 이런 레이시즘의 교리는 온갖 부류의 갈등을 불러왔다. 프랑스와 독일처럼 인종적으로 비슷한 국가들 사이에서도 일어났으며, 황화론黃禍論을 두려워하는 서양처럼 피부색의 경계에 따라 일어나기도 했다. 때로는 프랑스에서처럼 계급 문제로 비화되고, 미국에서처럼 먼저 도착한 이민자와 나중에 도착한 이민자 사이에서 벌어지기도 했다. 아수라장이 벌어진 것이다.

모든 사람이 저마다 자기가 가장 훌륭하다고 주장하고 있으니, 모두가 옳을 수 없는 것이 당연하다. 인종 문제의 온갖 모순투성이가 주장의 가부를 판별하고 결정을 내리는 심판관의 역할을 과학에 맡길 수 있을까? 아니면 단순한 거짓 전제와 유사 과학의 문제인 것일까? 현재의 세계를 헤쳐나가고자 하는 사람이라면 마땅히 레이시즘을 이해하고 그 주장을 재단할 수 있어야 한다. 우선 인종에 대한 사실을 확인하고, 다음으로 그를 이용해 등장한 교리를 살펴보아야 할 것이다. 레이시즘이야말로 오늘날 세계의 모든 사람이 노출된 '주의'이기 때문이다. 그에 찬동하는 쪽이든 반대하는 쪽이든, 누구나 한쪽 편을 선택해야 한다. 그리고 우리가 내린 결정에 따라 인류의 미래 역사는 크게 달라질 것이다.

사람들의 주장

새로울 것도 없는 소리다. 다른 어떤 방식으로도 책임을 전가할 수 없게 된 철학자는, 특정 인종의 미신적인 특성 때문이라고 당당하게 주장하게 되는 법이다.

월터 배젓,[*] 『물리와 정치*Physics and Politics*』

(오늘날 북구인이라 불리는) 백인종은 원래부터 아름다움과 총명함과 힘을 독점하고 있었다. 이들이 (알프스인이나 지중해인 등이라 불리는) 다른 변종과 섞임으로써 혼혈인종이 만들어졌고, 이들은 힘이 없이 아름답거나, 지능 없이 강인하거나, 설령 총명하다 해도 반대급부로 약하고 추한 자들이었다.

아르튀르 드 고비노,[**]

『인종불평등론*Essay on the Inequality of Human Races*』

---

[*] Walter Bagehot(1826~1877). 빅토리아 시대를 풍미한 영국의 언론인 겸 문필가. 『이코노미스트』지의 편집장으로 활동했다.

[**] Joseph Arthur de Gobineau(1816-1882). 프랑스의 귀족, 외교관, 저술가. 과학적 인종주의와 아리안 우월주의의 주창자로 유명하다. 그의 저술은 훗날 여러 인종주의 및 나치즘 이론가들에 의해 인용 및 편집되었다.

진정한 튜튼족의 육체적 특질:

천상의 광채를 발하는 눈동자, 금빛 머리카락, 장대한 기골, 좌우 대칭으로 발달한 근육, 길게 발달한 두개골(갈망으로 고통받으며 끊임없이 활동하는 두뇌 때문에, 동물적인 자족을 누리는 자들의 둥그런 모양에서 벗어나 전면부로 확장된), 고양된 영적 활동을 누리며 감정을 표현하기 위한 고상한 이목구비……

휴스턴 스튜어트 체임벌린,[*]
『19세기의 기초 *The Foundation of Nineteenth Century*』

인종차별주의자는 자신의 인종을 어떻게 평가하는가:

판단력, 진솔함, 활력은 언제나 북유럽 인종을 구분하는 좋은 기준이 된다. 북유럽인은 진실과 정의를 향한 강렬한 충동을 느낀다…… 일반적으로 말하는 열정, 즉 감각의 각성이나 성생활의 고양 등은 북유럽인에게 큰 의미를 지니지 못한다…… 북유럽인은 언제나 일종의 기사도와 같은 도덕심을 유지한다.

---

[*] Houston Stewart Chamberlain(1855~1927). 영국계 독일 작가 겸 문필가. 리하르트 바그너의 사위로 범게르만주의 운동에 큰 영향을 끼쳤다.

한스 F. K. 귄터,[*]

『유럽사의 인종적 요소 *The Racial Elements of European History*』

북유럽 인종의 정신적 재능은 인류를 선도한다.

에르빈 바우어,[**] 오이겐 피셔,[***] 프리츠 렌츠,[****]

『인간의 유전 *Human Heredity*』

---

[*] Hans F. K. Gunther(1891~1968). 독일의 문필가, 과학적 인종주의 및 우생학 지지자. 바이마르 공화국 시대에 독일의 레이시즘을 국가주의로 개조하는 일에 기여했다. 죽을 때까지 나치 인종주의와 우생학의 신봉자로 남았다.

[**] 원문에는 Bauer이나, Erwin Baur(1875~1933)의 오기로 보인다. 독일의 의사, 식물학자, 유전학자, 인종차별주의자. 피셔, 렌츠와 함께 저술한 『인간 유전과 인종 위생 *Menschliche Erblehre und Rassenhygiene*』은 흔히 바우어-피셔-렌츠 교리로 불리며 제3제국 인종 위생론의 표준이 되었다.

[***] Eugen Fischer(1874~1967). 독일의 약학자, 인류학자, 우생학자. 나치 당원. 제3제국 인종 정책의 표준이 된 뉘른베르크법에 많은 영향을 끼쳤다.

[****] Fritz Lenz(1887~1976). 독일의 유전학자. 나치 당원. 1930년대 정부 자문위원회의 일원으로서 여러 인종 정책에 개입했다.

인종차별주의자들은 다른 집단을 어떻게 평가하는가:

지식인들은 '유대인 또한 인간이다'라는 고대의 금언을 빌려와 유대인을 도우려 애쓴다. 그래, 물론 저들도 인간이다. 그러나 어떤 부류의 인간인지는 왜 말하지 않는가? 벼룩도 물론 동물이기는 하다!

파울 요제프 괴벨스, 〈타임〉 지면 보도, 1935년 6월 8일

북유럽 인종 외의 자들이 북유럽인보다 원숭이와 유인원에 가깝다면, 저들이 북유럽인과는 교배가 가능하나 유인원과는 교배가 불가능한 이유는 무엇인가? 해답은 간단하다. 비북유럽인들이 유인원과 교배가 불가능하다는 사실이 아직 입증되지 않았다는 것이다.

헤르만 가우흐,[*] 『사회 인종 문제에 대한 새로운 연구의 기초 *New Foundations for Research into Social Race Problems*』.

〈네이션〉 1935년 2월 5일자에서 존 귄터가 인용

---

[*] Hermann Gauch(1899-1978). 독일의 인종주의 이론가, 무장친위대 장교. 이탈리아인을 유인원이라 공격한 그의 저술은 이후 나치 독일의 금지 서적이 된다.

유리 온실에 사는 자들 — 우리 조상에 대한 의견:

기원전 1세기: 브리타니아 노예는 데려오지 말게나. 너무 멍청하고 아예 교육이라고는 불가능한 자들이라, 아테네에서 집안일의 일부라도 맡기기에는 부적합하니 말일세.

키케로가 아티쿠스에게 보낸 서신에서

11세기: 피레네 산맥 이북의 인종은 냉정한 성정이며 원숙함에는 도달하지 못한다. 기골이 장대하며 피부가 흰색이나, 날카로운 기지나 지적 통찰력은 지니지 못한 자들이다.

톨레도의 사이드* (무어인 학자), 『의학 및 사회과학에 적용되는
유전학의 원칙Genetic Principles in Medicine and Social Science』에서
랜슬롯 토머스 호그벤**이 인용

---

* Sāid al-Andalusī(1029-1070). 알 안달루스 출신의 아랍인 율법가, 저술가. 인도에서 그리스에 이르는 8개국의 과학자와 과학적 업적을 망라하는 『타바카트 알-우맘(국가의 분류)』를 저술하여 과학사 저술의 시조로 불린다.

** Lancelot Thomas Hogben(1895-1975). 영국의 실험동물학자, 의료통계학자. 발톱개구리를 최초로 실험동물로 사용했으며 우생학 사조에 격렬히 반대했다.

2장 인종이 아닌 것은 무엇인가

중국 인종은 노르스름한 피부와 치켜 올라간 눈을 지닌다. 니그로 인종은 검은 피부와 널찍하고 납작한 코를 지닌다. 코카서스 인종은 밝은 피부와 높고 얇은 코를 지닌다. 모발의 색이나 질감 또한 피부와 코만큼이나 서로 다르다. 우리는 이렇게 눈에 띄는 외부 형질로 인종을 구분하며, 이를 인종적 특성이라 부른다. 최대한 간략하게 정의하자면, 인종이란 유전되는 형질에 근거한 분류 방법이다. 따라서 인종을 언급할 때는, 연관 집단의 모든 일원에게서 발현되는 (1) 유전적 특징과 (2) 유전으로 후대에 전해지는 형질을 언급하게 되는 셈이다. 그렇다면 인종에 대한 논의에서는 우선 인종으로 분류할 수 없는 집단 사이의 경계선을 확정하여야 할 것이다. 인종을 논의할 때의 혼란 중 많은 수가 유전적 특성과 후천적으로 획득한 사회적 특성을 구분하지 못하는 데에서 오기 때문이다.

우선 인종과 언어는 일치하지 않는다. 이는 자명한 사실일 것이다. 아랍어를 사용하는 사람이 모두 아랍인은 아니며, 영어를 사용하는 사람이 모두 백인종은 아니기 때문이다. 그럼에도 의외로 종종 찾아볼 수 있는 오류이기는 하다.

인간의 유전적 특질과 사용 언어는 서로 다른 상황 요인에 의해 결정된다. 유전된 해부학적 특성은 먼 조상으로부터 유래하는 반면, 언어는 어린 시절 들었던 회화에 따라 결정된다. 인체의 형태학적 관점에서 볼 때, 유전적 특성과 사용 언어는 아예 관계조차 없다. 조상으로부터 물려받은 구강과 성대의 구조와는 무관하게, 어린아이는 주변에서 사용하는 언어를 배우게 되기 때문이다. 마찬가지로 구강 구조가 일치하는 어린이들도 완벽하게 다른 소리를 낼 수 있다.

인간의 발성기관조차 사용 언어와 관련이 없다는 점을 고려하면, 피부색, 두지수, 눈, 모발 등의 인종적 요인이 모국어에 끼치는 영향은 그보다도 미미할 수밖에 없을 것이다. 아메리카 대륙의 흑인은 거주 국가에 따라 영어나 스페인어나 포르투갈어나 프랑스어를 사용한다. 그리고 백인과 혼혈이 일어나지 않은 흑인도 옅은 갈색 피부인 자들만큼이나 훌륭하게 이들 언어를 사용할 수 있다. 이들의 억양이 이웃의 백인 빈민층에 가까운지, 아니면 소수의 특권층에 가까운지는 오로지 이들이 어울리는 계층에 따라서만 결정된다. 이런 상황은 예전부터 세계 어디서나 쉽게 찾아볼 수 있었다. 시베리아의 툰드라 지역에서 중국으로 내려온 만주의 미개인은 몇 세기 동안 순수한 중국어를 사용했고, 아랍어는 9세기 이후 북아프리카의 니그로이드 혈통 사이로 널리 퍼져나갔다.

일부 원시 부족에서 찾아볼 수 있는 것처럼 특정 인종의 모든 구성원이 같은 언어를 사용하고 해당 언어가 오직 한 인종에서만 사용되는 경우, 이는 인종과 언어가 연관이 있어서가 아니라 그 외의 상황 요인에 영향을 받기 때문이다. 육체적 특성과 언어가 형성되는 과정에서 고립을 겪어서 고유성을 획득한 것이다. 선사시대에는 인류의 밀도가 훨씬 적었으며, 고립된 지역에 거주하는 주민은 육체적 특성과 언어 양쪽 모두 바깥세상과는 달라질 가능성이 크다. 너무 간단한 과정이라, 사실 더 자주 일어나지 않은 것이 이상할 정도다. 그 이유는 고립이 상당히 자주 깨졌기 때문이다. 정복이나 통혼으로 인해 두 민족이 서로 섞이게 되면, 그들의 자손은 하나의 혼합된 인종이 된다. 그러나 언어는 양쪽 중 하나를 선택하게 된다.

인류의 역사 초기부터 이어져 온 다른 요인이 하나 더 있다. 인종적 특성은 언어보다 오랜 기간에 걸쳐 더 넓은 영역에서 유지되기 마련이다. 같은 인종적 특성을 공유하는 이들이 같은 어족으로 환원할 수 없는 다양한 언어를 사용하는 경우는 상당히 흔한 일이다. 인류의 역사 초기에는 지금보다 이런 현상이 훨씬 강했을 것이다. 반투어나 폴리네시아어처럼 지금은 널리 사용되는 언어도, 한때는 특정 집단에만 국한되어 있었다가 비교적 근래에 들어서야 널리 퍼져나간 것이기 때문이다. 그런 인류 초기 상태가 남아 있는 곳은 캅카스 산맥이나 캘리포니아의 원주민 등 일부에 지나지 않는다. 이런 지역에서 언어의 경계선은 계곡 하나의 면적을 넘어가지 못하지만, 인종적 특성은 훨씬 넓은 영역까지 이어진다. 따라서 인류 초기부터 언어와 인종은 서로 다른 역사와 분포를 가지고 있었다고 생각해야 할 것이다. 현대 세계에서는 카드 뭉치 속의 짝패처럼 골고루 섞여 있지만 말이다.

이렇게 인종과 언어, 언어와 인종의 관계를 논하는 일 자체가 터무니없음에도 불구하고, 인종과 언어는 꾸준히 서로 섞여 사용된다. 현재 독일에서 우성 인종을 가리키는 '아리안'이라는 단어는 사실 특정 어군을 가리키는 명칭이며, 여기에는 고대 인도의 산스크리트어와 고대 페르시아어가 포함된다. 그리고 동시에, 아리안은 훨씬 더 거대한 어족인 인도유럽어족을 가리키는 용어로도 사용되는데, 여기에는 산스크리트어와 고대 페르시아어뿐 아니라 독일어, 영어, 라틴어, 그리스어, 아르메니아어와 슬라브어까지 포함된다. '아리안'이라는 용어는 어느 쪽으로 사용해도 언어학의 용어일 뿐이며 특정 독일 인종의 혈통을 가리키지 않는다.

아리안이라는 단어의 첫 번째 용례는 어떻게 적용해도 나치의 사상과는 들어맞지 않으므로, 나치가 그 용어를 골랐을 때는 후자의 인도유럽어족을 염두에 두었을 것이 분명하다. 그러나 인도유럽어족의 언어를 사용하는 여러 집단은 피부의 성질, 눈이나 모발의 색, 두지수나 신장 등 모든 측면에서 특정 인종의 고유한 특성을 공유하지 않는다.

지난 세기 아리안어족의 가장 뛰어난 연구자였던 막스 뮐러*는 1880년대부터 이미 이런 주장에 내포된 거짓을 열렬히 고발한 바 있다. 당시에는 이미 토머스 칼라일, 영국 역사가 J. R. 그린,** 프랑스의 인종차별주의자인 고비노 백작 등의 저술을 통해 이런 거짓이 하나의 사조로 정립된 후였다. 막스 뮐러는 여기에 대해 이렇게 서술한다. '여러 번 반복해 말하는 것

---

* Friedrich Max Müller(1823-1900). 독일 태생 영국의 언어학자, 동양학자. 인도학과 종교학의 창시자로 여겨진다. 다만 그가 서술한 '아리안'이 신체적 특성을 나타내지 않은 것은 사실이나, 종종 언어적인 개념을 넘어 아브라함 계열 종교와 반대되는 인도-유럽적인 여러 문화 요소를 의미하는 경우도 있었다. 뮐러는 인도와 유럽의 공통 조상이 존재한다는 사실이 레이시즘을 배격하는 효과적인 근거라고 여겼다.

** John Richard Green(1837-1883). 영국의 역사가. 영국사 저술로 명성을 얻었으나, 애국주의와 대중주의에 입각해 역사를 낭만화했다는 비판을 받는다.

이지만, 내가 말하는 아리아인(아리안)은 혈통이나 골격이나 모발이나 두상을 의미하는 것이 아니다. 그저 아리안계 언어를 사용하는 사람을 뜻하는 것이다. 해부학적 특성을 고려하여 이들을 언급하는 것이 아니다. 내게 있어 아리안 인종, 아리안 혈통, 아리안 눈과 모발을 언급하는 민족학자란 장두형長頭型 사전이나 단두형短頭型 문법을 입에 담는 언어학자와 마찬가지로 죄인이나 다름없다.'[1] 그럼에도 불구하고, 앞으로 유럽 레이시즘의 역사를 논하며 살펴보게 될 것처럼, 막스 뮐러의 시대 이후로도 죄인의 숫자는 줄어드는 것이 아니라 도리어 불어나기만 했다.[2]

언어와 인종을 동렬에 놓을 수 없는 가장 큰 이유는, 언어는 학습되는 행동이며 인종은 유전되는 특성에 따른 분류이기 때문이다. 언어는 인류의 학습 행동이 신체 조건과 관계없이 다양하게 발현될 수 있다는 하나의 특정한 예시에 지나지 않는다. 만주인이 중국에서 배운 것은 중국어뿐이 아니었다. 그들은 중국의 건축, 중국의 가족제도, 중국의 도덕, 중국의 문학, 중국의 음식도 받아들였다. 미국의 흑인은 영어만을 배운 것이 아니다. 그들은 침례교도와 감리교도와 침대차 인부가 되었다. 아프리카에서처럼 뼈다귀를 던져 점치는 법을 익히는 대신, 그들은 읽고 쓰는 기술을 익혔다. 아프리카와 근동 지방의 복잡한 보드게임인 만칼라 대신 주사위 노름을 배웠다. 이들의 문화 또한 미국적으로 변한 것이다.

문화란 학습된 행동을 의미하는 사회학적 용어다. 따라서 말벌이나 사회적 개미들의 행동처럼 생식세포에 의해 결정되지 않으며, 각각의 새로운 세대는 성인들로부터 새롭게 문화를 학습해야 한다. 인간의 성취가 이렇게 학습된 행동에 따라 이루어진다는 사실이야말로 인류가 다른 모든 피조물보다 우월하다는 가장 큰 근거가 된다. 인류를 '문화를 가진 짐승'이라 부르는 데는 그럴 만한 이유가 있는 것이다. 인류는 바다를 건너려고 몸에서 날개나 지느러미를 기르지 않는다. 그 대신 배와 비행기를 만들고, 제작과 운용 방법을 문화를 통해 전달한다. 적을 죽이려고 어금니나 발톱을 기르는 대신, 화약과 맥심 기관총을 발명한다. 이러한 비생물학적 전달 방식은 상황에 대한 적응성을 훨씬 높여 주며, 동시에 생물학적인 전달 행위의 중요도를 계속해서 낮추게 된다.

인종을 이해하는 데에는 우선 이런 기초적 진실을 확인하는 것이 필요하다. 인종이란 생물학적으로 전달되는 특성이다. 일부 곤충의 사회성이나, 그보다 덜하지만 육식동물의 식성이나 사냥 방식, 생존을 위한 공격성이나 비공격성 또한 생물학적 방식으로 전달된다. '표범은 제 무늬를 바꾸지 못한다'라는 말은, 표범이라는 특정 종에 속하는 짐승이 언제나 정글 속을 조용히 걸어다니며 사냥감을 찾으리라는 뜻이다. 그러나 인간의 경우, 과거의 무시무시한 침략자가 오늘날에는 평화를 사랑하는 온순한 종족이 되는 경우도 흔하다. 9세기의 스칸디나비아인은 모두가 두려워하는 호전적인 해양 종족인 바이킹이었다. 반면 오늘날의 스칸디나비아인은 협력과 '중도'를 주창하며 호전성이라고는 찾아볼 수 없는 평화로운 이들이다.

　과거에 평화로웠던 이들이 오늘날 호전성을 보이는 경우는 그보다 흔하다. 이 또한 인종이 변한 것이 아니라 행위가 변했을 뿐이다. 일본은 서구 세계와 비교할 수 없을 정도로 평화롭고 비호전적인 역사를 누렸다. 최초 11세기 동안 일본이 국외에서 전쟁을 벌인 것은 단 한 번뿐이었다. 그 전쟁이 끝난 것이 1598년이며, 이후 1853년이 되어 바깥 세계와의 교류에 문을 열 때까지, 일본은 쇄국주의 원칙을 지키려고 대양 항해가 가능한 모든 선박의 건조를 칙령으로 금지하기까지 했다. 격식을 소중히 여기며 집착 없는 삶을 누리고 아름다운 것을 사랑하는 일본인의 성질은 근래까지 그들의 본질로 전해져 왔다. 그러나 1853년 이후 일본은 해외에서 다섯 번의 전쟁을 벌였으며, 지금도 세계에서 가장 호전적인 국가로서 부상하는 중이다. 수 세기 동안 양처럼 다툼을 피하며 살아온 인류조차도 다음 세대에서는 사자로 변하지 않으리라 확신할 수 없다는 뜻이다.

　인종과 문화가 별개의 것이라는 사실에는 다른 측면이 하나 있다. 인류의 역사를 되짚어보면, 하나의 문화를 건설한 인종이 반드시 하나라는 법은 없으며, 같은 인종의 모든 일원이 하나의 문화에 이바지한 것도 아니기 때문이다. 과학적 용어로 표현하자면, 문화와 인종은 상관관계에 있지 않다.

문명의 흥망성쇠를 자세히 살펴볼수록, 문명이 순수한 단일 인종만의 소산이 아니라는 사실은 명확해진다. 선사시대에도 이는 참이었으며, 어느 저명한 고고학자는 인종이 쇠락하더라도 문화는 계속 남아서 전해진다는 것이야말로 고고학이 밝힌 위대한 사회학적 진실 중 하나라고 말한 바 있다. 정복자든 평화로운 이주민이든, 새로운 인종이 등장하여 그 땅의 피정복자나 선주민의 생활 양식을 이어나간다는 것이다. 수 세기를 되짚어보는 고고학자는 한 인종이 다른 인종을 대체하는 과정에서 문명의 파괴가 아니라 새로운 손으로 이어지는 역사의 연속성을 파악하게 된다.

유럽의 구석기 문명은 인종적이 아닌 문화적 연속성을 지니고 있었다. 네안데르탈인의 문화는 그들이 사라진 후에도 크로마뇽인에게 전달되어 이어졌고, 이후 구석기 시대의 인간들 사이에서 윤색되고, 신석기 시대의 인종에 의해 공들여 다듬어졌다. 여기서 현대인과 인종적으로 연속성을 가지는 인류는 뒤쪽의 둘뿐이다. 이렇게 선사시대에 유럽의 한쪽 구석에서 일어난 인종적 불연속성이 다른 지역의 예시보다 특히 눈에 띄는 이유는, 유럽의 고고학이 다른 지역에 비해 세간의 주목을 많이 받았기 때문이다. 그러나 아프리카, 아시아, 중앙아메리카의 선사시대 연구에서도 같은 이야기를 확인할 수 있다.

서구 문명에서 이런 서사는 역사의 여명 이래 꾸준히 반복되었고, 그 증거 또한 꾸준히 누적되었다. 1세기 전까지만 해도 서양사가들은 그 시작점을 그리스로 잡는 정도에 만족했지만, 이런 관점은 오늘날에는 부적절하게 여겨진다. 다양한 역사 연구의 결과 그보다 훨씬 오랜 역사가 우리 눈앞에 펼쳐졌다. 그리스는 그보다 앞선 동방 문명의 계승자이며, 그 동방 문명은 이집트로부터 많은 영향을 받았다. 우리 문명의 필수적인 주춧돌이야말로 다른 인종의 발명품이었던 것이다.

물론 우리의 문명이 강철과 화약으로 건설되었다고 말할 수 있을지도 모른다. 그러나 강철은 인도나 투르키스탄에서 발명되었으며, 화약은 중국에서 발명되었다. 어쩌면 서구 문명의 본질을 인쇄술과 교양에서 찾을 수도 있을 것이다. 그러나 종이와 인쇄술은 모두 중국에서 빌려온 것이다. 인구 집약이 필요한 모든 경제 활동은 신석기 시대에 아시아에서 발명된 곡물 경작과 목축에 그 뿌리를 두고 있다. 옥수수와 담배를 처음 작물로 재배한 것은 아메리카 원주민이다. 우리가 자연을 통제하는 능력은 수학적 계산에 극도로 의존한다. 그러나 모든 고등 수학에 필수적인, 소위 말하는 아라비아식 표기법은 로마 시대의 유럽에는 존재하지 않았다. 아시아에서 만들어져 무어인들에 의해 우리 문명에 소개된 것이다. 기하학 또한 유럽인들이 아시아 민족으로부터 빌려온 계산법이었다.

다양한 인종이 우리 문화의 성장에 기여했다는 진실은 어떻게 해도 피할 수 없다. 그리고 문화를 상수로 놓는다면 인종이 변수가 되는 것도 자연스러운 일이다. 백인종은 오늘날 일본이 그렇듯이 한때 빌려오는 쪽에 있었다. 그 과정에서 백인종은 수백 년을, 일본은 수십 년을 소모했으니, 눈앞의 상황을 있는 그대로 해석하는 이들은 이로부터 일본인이 백인보다 인종적으로 우월하다는 결론을 이끌어낼 수도 있을 것이다.

문화와 인종이 분리되어 있다는 사실을 다른 측면에서, 이번에는 인종을 상수로 놓고 살펴보면, 우리는 특정 인종이 향유하는 문화가 다양한 층위의 복잡성을 가진다는 사실을 확인할 수 있다. 한 인종의 특정 집단이 발전을 이룩해 위대한 국가를 세우거나 건축의 정점에 달한 도시를 건설하거나 대규모 공공사업을 끝내는 동안에도, 같은 인종의 다른 집단은 여전히 미개한 유목민일 수도 있는 것이다. 인종은 통일된 집단으로서 발전하지 않는다.

아랍인들 중 일부 집단은 패자의 권위를 두른 술탄 아래에서 위대한 도시를 짓고, 예술과 과학을 꽃피우고, 당대 문명의 수호자로서 활동했다. 그러나 같은 인종의 다른 집단은 가축

떼를 몰고 목초지를 떠도는 소박한 베두인의 삶을 이어갔다. 이와 비슷하게, 시베리아 아무르강 유역의 원시 부족이나 시베리아 툰드라 지방의 유카기르족은 문명화된 중국인과 같은 인종이다. 말레이 인종에도 말레이반도 해안지대의 반 야만인인 원시 부족과 고도의 문명 중심지 주민들이 동시에 존재한다. 따라서 인종이란 문명인과 비문명인을 구분하는 기준이 될 수 없다. 야만인을 조상으로 둔 거친 집단도, 고도로 발전한 문명을 받아들이고 그 발전에 기여할 수 있음이 충분히 입증되어 왔다.

만주인은 거칠고 보잘것없는 퉁구스계 부족이었으나, 처음에는 몽골인과 접촉하고, 이후 17세기 중반에 중국을 정복하며 부와 영광에서 당대에 비교할 곳이 없는 국가의 지배 왕조가 되었다. 말레이인, 만주인, 몽골인, 아랍인, 북구인 등, 모든 곳에서 같은 서사가 반복되는 것을 확인할 수 있다.

북구인 또한 이 목록에 포함되며, 따라서 그들의 '위대한 운명'을 달성해야 한다는 허황된 주장조차도, 문명의 건설에 적극적으로 참여한 다른 모든 거친 인종들에게 같은 주장을 적용할 수 있다면 논란거리가 되지 않을 것이다. 그러나 오직 북구인만을 특별한 사례로 골라내어, 이들이 문명에 기여한 바를 역사적 보편적 과정이 아니라 북구인의 인종적 특성으로 간주한다면, 그런 특별한 변론이 품은 저의를 읽어내는 일은 그리

어렵지 않을 것이다. 차라리 후튼*이 언급했듯이 평화로운 초기 유럽에 난입한 '북쪽에서 온 비쩍 마른 무법자들'[3]로 여기거나, 행킨스**처럼 그들이 '문명을 건설하기보다는 파괴한 횟수가 많다'[4]는 사실을 상기시키는 쪽이 실제 역사에 가까울 것이다. 그러나 여기서 잊지 말아야 할 점은, 북구인 또한 특정 유전적 형질을 공유하는 집단일 뿐이며, 한때는 거칠었으나 훗날 위대한 문명의 선도자가 되었다는 사실이다. 과거의 거친 품성은 훗날 문명의 발전에 기여할 때에는 조금도 장애가 되지 못했다.

특정 인종이 독점하도록 역사를 서술하는 것은 불가능하다. 문명은 점진적으로 건설되어 왔으며, 때에 따라 여러 인종의 기여가 복합적으로 작용해 왔기 때문이다. 모든 문명을 '북구인'의 덕택으로 돌리는 주장은 여러 인류학자가 매일같이 원시 부족들에게서 듣는 것과 다를 바가 없다. 오로지 자신들만을 위한 주장이기 때문이다. 원시 부족 또한 세상의 모든 중요

---

* Earnest Albert Hooton(1887-1954). 미국의 형질인류학자. 미국 형질 인류학회의 창립자 중 하나로, 비교해부학을 사용한 인종 분류를 시도했다. 인종에 따른 지능 차이는 존재하지 않는다고 강력히 주장했으나, 그가 속한 여러 정부 위원회에서는 그런 주장이 반영되지 않았다.

** Frank Hamilton Hankins(1877-1970). 미국의 사회학자, 인류학자. 1926년의 저서를 통해 당대의 여러 인종주의 이론을 강력하게 비판했다.

한 것들이 자신들에서 시작되고 끝난다고 믿는다. 조물주는 태초부터 오직 그들에게만 모든 좋은 것을 선사했고, 그들이 멸망하면 세상도 파괴되는 것이다. 다만 교양 없는 아메리카 원주민 소부족민이나 뉴기니의 벌거벗은 파푸아인이 그런 주장을 하면 웃음을 머금게 되지만, 우리 자신이 같은 주장을 한다면 조롱의 대상으로밖에 여길 수 없다. 그런 원시 부족의 세계란 그들의 영토 경계선 주변 지역에 국한되며, 부족의 민담이 역사의 역할을 담당한다. 따라서 이들의 허황된 주장은 무지의 소산일 뿐이다. 그러나 우리 시대의 식자층이 같은 방식으로 편협한 지역주의를 주장한다면, 그것은 온 세상의 수많은 역사가가 확언한 현대적 진실을 무시하는 유치하고 원시적인 오류에 지나지 않는다.

편협한 지역주의에 근거해 역사를 다시 쓰고 특정 역사가가 속한 집단의 성과만을 과대평가하는 일도 물론 가능하기는 하겠지만, 그 결과물은 어디까지나 역사가 아닌 지역주의 저술로만 남는다. 역사가 가르치는 바에 따르면, 문화의 걸출한 진보는 한 인종에서 다른 인종으로, 한 대륙에서 다른 대륙으로 전달되어 온 것이다. '인종'의 모든 구성원이 그 문화에 포함된 것도 아니며, 특정 인종 중에서도 당시 역사적 이유로 유리한 상황에 있던 일부 집단만이 영향을 끼친 것이다. 예를 들자면, 일정 기간 평화를 누리거나 특정 집단의 수탈로부터 해방되었기 때문일 수도 있을 것이다. 이런 조건의 영역에 들어가는 모든 인종은 그 혜택을 받았고, 그 과정에서 삶의 기술을 진보시켰다. 모든 인종의 개인이 이런 기회를 잡을 수 있으며, 때로는 역사에 그 이름을 남기기도 했다. 같은 일이 메소포타미아에서도, 중국에서도, 인도에서도, 이집트에서도, 그리스에서도, 로마에서도, 잉글랜드에서도 일어났다. 우수한 문화를 독점하는 인종 집단이 존재하지 않는 것은 자명한 사실이다.

따라서 우리는 인류의 모든 업적에 인종이 관여했으리라는 기대 없이, 인종을 역사적, 생물학적, 인체측정학적으로 연구해야 한다. 인종이란 과학적 연구가 필요한 분야다. 그러나 인류의 역사는 단순한 신체 계측의 기록보다 훨씬 복잡하며, 문화적 성취란 인종에 따라 기계적으로 계승되는 요소가 아니다.

사람들의 주장

생물학적 변화는 느리게 일어나고 문화적 변화는 매 세대마다 일어나므로, 한순간에 지나지 않는 문화 현상을 인종이라는 상수로 설명하려는 시도는 아무런 의미도 없다. 다른 민족과의 접촉, 개인의 천재성, 지리 등의 요인으로 설명하는 것은 가능하지만, 인종 격차로는 불가능하다.

로버트 해리 로이,[*]

『문화인류학 개론An Introduction to Cultural Anthropology』

문명의 성장과 전파는 인종의 경계를 초연하게 무시하며 진행되어 왔다. 문명을 획득할 기회를 가졌던 모든 집단은 언제나 그저 획득에서 그치지 않고 내용을 추가해 왔다. 역으로 외부 접촉이 없는 고립된 상태에서 풍요롭거나 복잡한 문화를 일구어낼 수 있는 집단은 존재한 적이 없다.

---

[*] Robert Harry Lowie(1883-1957). 오스트리아 태생 미국 인류학자. 북아메리카 원주민 전문가로서 현대 인류학의 발전에 공헌한 주요 인물 중 하나다.

인종을 오로지 생물학적 개념으로만 받아들일 수 있다면, 언어와 문화의 역사와는 무관하다는 사실을 인정할 수 있다면, 물리나 화학의 법칙을 인종으로 설명할 수 없는 것과 마찬가지로 그런 부류의 현상 또한 설명할 수 없다는 사실을 받아들인다면, 우리는 친슬라브주의, 앵글로색슨 우월론, 튜튼주의, 라틴계의 천재성 등의 여러 미신적인 구호를 흥미롭게 연구하면서도 그에 현혹되지 않을 수 있을 것이다.

에드워드 사피어,** 『언어 *Language*』

북구인의 역사 속 역할에 대하여:

인종차별주의자의 주장:

---

* Ralph Linton(1893-1953). 미국의 인류학자. 부족의 지위와 역할을 구분하여 정의한 연구로 유명하다.

** Edward Sapir(1884-1939). 유대계 미국 언어인류학자. 미국 언어학의 발전에 많은 영향을 끼쳤으며, 언어학과 인류학의 관계를 정립한 인물이다.

독일계 부족들이 세계사에 등장하며 인류를 야만성의 고통으로부터 구원했다는 사실을 인지하지 못하는 것은, 수치스러운 사색의 나태이거나 불명예스러운 역사적 거짓에 지나지 않는다.

휴스턴 스튜어트 체임벌린,
『19세기의 기초 The Foundations of the Nineteenth Century』

역사가들의 주장:

북구인이라는 질료의 본질은 다뉴브 지방의 농노나 거석문명의 건설자들보다 우월하지 않다. 트란실바니아에서 북구인은 말 그대로 파괴자로서 등장한다. 고대 동방과 에게해 지방에서도 마찬가지였으며, 한동안 더 오래되고 세련된 문명의 방해자 역할을 수행했다.

V. 고든 차일드,* 『아리아인 The Aryans』

심지어 정치적이나 군사적인 관점에서도, 중세 전반에 걸쳐 북구인의 우월성을 입증할 만한 예시는 단 하나도 찾아볼 수 없다.

---

* Veer Gordon Childe(1892-1957). 오스트레일리아의 고고학자, 언어학자. 유럽의 신석기 문명을 연구하여 '신석기 혁명'이라는 용어를 남겼다.

H. E. 반스*와 H. 데이비드,
『서구 문명의 역사*The History of Western Civilization*』

서로의 언어를 좋아하지 않는 사람들:

프랑스인:

독일인은 연수의 신경계 중심부에 선천적 또는 후천적인 문제가 있어서, 뇌에서 특정 단음절 발성을 요구하는 명령을 내리면 그를 제대로 수행하지 못한다. 따라서 fa와 pa를 va와 ba로 발음하게 된다. 이는 오늘날까지 관찰할 수 있는 병리학적 현상이다.

오노레 조제프 샤비,**『사회인류학 회보*Bulletin d'Anthropologie Sociale*』, 『인종, 현대의 미신*Race, A Study in Modern Superstition*』에서 자크 바준***이 인용

---

* Harry Elmer Barnes(1889-1968). 미국의 역사가, 언론인. 학계에서 은 퇴한 후로는 미국의 고립주의를 지지하고 홀로코스트 부정론자로 악명을 떨쳤다.

** Honoré Joseph Chavée(1815-1877). 벨기에의 언어학자, 인류학자. 프랑스 최초의 언어학 연구지를 창설했으며 언어 교육학에 기여한 학자 다.

*** Jacques Martin Barzun(1907-2012). 프랑스계 미국 역사가. 다양한 분야에 걸친 방대한 문화사학적 업적으로 유명하다.

독일인:

오직 북구인만이 흐트러지지 않은 선명한 발음을 낼 수 있다. 반면 비북구 인종의 발음은 탁하며, 개별 음절이 뒤섞여 인간보다는 짐승의 소음에 가까운 소리가 난다.

헤르만 가우흐, 『사회 인종 문제에 대한 새로운 연구의 기초 New Foundations for Research into Social Race Problems』

결론:

인류의 성취와 업적 차이에 대한 소위 말하는 인종적 설명이란, 그저 어리석음의 소치이거나 사기일 뿐이다.

아널드 조지프 토인비,* 『역사의 연구』

---

* Arnold Joseph Toynbee(1889~1975). 영국의 역사가, 역사철학자. 수많은 저서를 남겼으며 20세기 전반기 국제관계의 전문가로 명성을 떨쳤다.

3장 스스로를 분류하려는 인간의 노력

현대 과학 전반을 둘러봐도, 인종의 분류처럼 학계 권위자의 의견이 갈리는 분야는 찾아보기 힘들다. 어떤 이들은 지리적 구분에 따라 인종을 나누며, 다른 이들은 피부색이나 두지수를 따르고, 또 다른 이들은 여러 특성을 복합적으로 반영한다. 인류를 셋으로 나누는 이들도, 열일곱으로 나누는 이들도, 서른넷으로 나누는 이들도 존재한다. 민족성을 주된 분류로 사용하는 이들도, 부차적 분류로 사용하는 이들도 있다. 이렇게 의견이 갈리는 것은 과학 분야의 옹고집 때문이 아니라, 인류 역사 속의 사실과 알려진 과학 법칙이 일치하지 않기 때문인데, 우리는 앞으로 이 두 가지 주제를 꾸준히 살펴보게 될 것이다. 우선 인종 분류의 기준이 되는 현재 사용하는 분류군에 대해 알아보도록 하자.

인간이라는 종을 인종으로 분류하는 일은 영예로운 전통에서 비롯된 것이다. 식물학과 동물학에서 사용하는 비슷한 분류법은 18세기 뷔퐁*이 사용한 투박한 방법부터 오늘날 사용하는 분류 기준에 이르기까지 꾸준히 진보해 왔다. 이제 우리는 생물을 유전적 연관성과 진화의 순서를 표현할 수 있도록 집단으로 나누는 방식을 사용한다.

과학은 인간 외의 여러 생명체를 연구하며 충분한 방법론을 획득했고, 이런 과정에서 피상적인 유사성에 의지한 분류의 위험성은 이미 충분히 알려졌다. 예를 들어, 동물학자가 고래를 단순히 헤엄칠 수 있다는 이유만으로 어류로 분류한다면 이는 인위적인 거짓으로 간주될 것이다. 고래는 번식 방법이나 폐에 공기를 받아들여 숨을 쉬어야 한다는 사실 등으로 볼 때 당연히 포유류로 분류해야 마땅하기 때문이다. 포유류를 연구할 때는 다양한 포유류에서 관찰되는 여러 명확한 신체적 특징을 부수적인 요소로 간주하는 것이 필요하다. 물고기처럼 헤엄치는 고래와 새처럼 날아다니는 박쥐를 함께 고려해야 하는 것이다. 발굽동물이나 인간과 마찬가지로, 같은 포유류에 속하는

---

* Georges-Louis Leclerc, Comte de Buffon(1707-1788). 프랑스의 박물학자, 수학자. 백과전서파의 일원으로 다양한 과학 연구에 매진했다. 린네의 이명법을 비판하고 개별 종의 다양한 특성을 서술하는 방식을 사용해야 한다고 주장했으나, 사후 그의 주장은 거의 잊혀지고 말았다.

고래와 박쥐도 반드시 연구 대상으로 포함시켜야 한다.

인종을 연구하는 학자들 또한 피상적인 묘사를 지양하며, 포유류처럼 타당한 분류군을 정립해야만 한다.

다윈 이전까지만 해도 인종 분류의 기준은 오늘날 우리가 사용하는 것과는 근본적으로 달랐다. 당시 쟁점은 다원발생설과 일원발생설 중 어느 쪽을 선택하느냐였다. 성서에서 규정하고 그리스도 교단에서 수용한 관점은 모든 인류는 아담의 후손이라는 것이었고, 콜럼버스 이전의 유럽에서는 이런 전통적인 논리를 받아들였다. 그러나 발견과 항해의 시대가 찾아오고 인간의 시야가 확장되며 다른 가능성이 등장하게 되었다. 특수한 창조 행위 없이 황인종과 흑인종과 홍인종의 존재를 어떻게 설명할 수 있을까? 당대에는 황인종이나 흑인종이나 홍인종 내부에서도 인종이 다양하게 갈린다는 사실이 알려지지 않았음을 염두에 두어야 한다. 또한 인종이 섞이며 변할 수 있다는 사실도 알려지지 않았다. 당시 사람들은 인종의 분포를 초등학교 지리 교과서처럼 뚜렷하게 나뉘어 대조되는 그림으로 인식했다.

일원발생론자는 기후 때문에 인류가 이렇게 다양하게 변했다고 생각했다. 이들 중 가장 유명한 이는 1748년 『법의 정신』을 출간한 몽테스키외 남작이었다. 반면 다원발생론자들은 이런 다양성이 개별적인 '신의 사색'에서 유래되었으며 따라서 서로 무관하다고 여겼다. 조프루아 생틸레르는 1830년 프랑스 과학한림원에서 일원발생론자인 퀴비에를 상대로 논쟁을 벌였다.* 퀴비에는 모든 인류가 노아에서 유래되었으며 세 아들인 함, 셈, 야벳을 통해 인종이 발생했다고 주장했다. 괴테가 두 사람의 논쟁에 열광한 것을 보면 이 문제가 근대 사상에 끼친 영향을 확인할 수 있다. 괴테는 친구에게 이렇게 피력했다. '자네는 이 엄청난 사건을 어떻게 생각하나? 화산이 폭발해서 모든 것을 불태워 버렸다네. 이제 밀실에서 진행되는 일 따위는 아무것도 없는 거야. 내가 그 회합 소식을 듣고 무슨 생각을 했는지 자네는 짐작도 못 할 걸세.'[5]

다윈 이전의 지식인 중에서도 모든 인종이 개별적인 독립체라는 개념에 반기를 든 사람은 존재했다. 최초의 위대한 인류학자라 할 수 있는 테오도르 바이츠**는 여러 인종의 신체 계측

---

* Étienne Geoffroy Saint-Hilaire(1772-1844)와 Georges Cuvier(1769-1832). 당대 프랑스의 가장 권위 있는 박물학자로, 1830년 생틸레르가 두족류에서 척추동물에 대응되는 상동기관이 관찰되었다는 사실을 근거로 기존의 분류법 대신 구성통합론을 사용해야 한다는 논지의 보고서를 제출한 것을 시작으로 두 달에 걸쳐 학계를 뒤흔드는 논쟁을 벌였다. 수많은 해부학적 증거를 내세운 퀴비에와는 달리 생틸레르는 '철학적 유사성'을 강조했고, 보통 퀴비에가 논쟁의 승자가 된 것으로 간주한다.

** Theodor Waitz(1821-1864). 독일의 심리학자, 인류학자. 미개 민족의 연구로 근대 인류학에 지대한 영향을 끼쳤고, 심리학에 기반한 철학과 인류학 연구를 제창했다.

결과를 이용해 그런 개념에 반발했다. 그는 각 인종의 정형화된 관념이 현실과 동떨어져 있음을 증명해 보였다. 황인종과 홍인종에도 다양한 부류가 존재하며, 실제로 같은 인종의 다른 집단과 비교해서 유럽인에 더 가까운 집단도 존재함을 밝혀낸 것이다. 바이츠는 다윈주의를 모르는 채로 이런 내용을 집필했는데, 사실 그의 『미개 민족의 인류학*Anthropologie der Naturvölker*』은 『종의 기원』과 같은 해에 출간되었다. 따라서 해묵은 논쟁에 종지부를 찍은 공로를 온전히 다윈주의에만 돌려서는 안 될 것이다. 어쨌든 다윈이 주창한 종의 개념과, 인간과 고등 유인원의 해부학적 유사성에 대해 그가 남긴 분석은 논쟁의 근간을 제거해 버렸다. 이제 논쟁은 훨씬 넓은 맥락으로 옮겨갔으며, 그 맥락에서는 모든 인종을 포함하는 모든 영장류가 단일 계통수에 속해 있다는 사실이 받아들여지게 되었다.

다윈 이래로 등장한 모든 인종에 관한 연구는 과거의 논쟁과는 가정 자체부터 다르다. 모든 인류가 속하는 계통수의 존재를 인정한 채로, 각 인종이 생물학적으로 얼마나 다른지를 확인하는 작업이기 때문이다.

인류가 완전히 구분되는 여러 종으로 나뉘지 않는다는 사실은 즉시 명백해졌다. 다윈에 따르면, 종으로 나뉘기 위해서는 아예 생식이 불가능하거나, 교잡종에게 생식 능력이 없어야 하기 때문이다. 가장 극단적인 백인종과 가장 극단적인 흑인종 또는 황인종 사이에서 생식 능력을 갖춘 후손이 나온다는 사실은 누가 봐도 명백했다. 역사 속에서 서로 다른 민족 집단 사이의 혼혈은 꾸준히 있어 온 일이며, 인류의 활동 영역이 넓어지고 교통수단이 발달하면서 계속 늘어나기만 했기 때문이다.

그러나 당시에 인종을 다루는 모든 사상에는 종의 개념이 내포되어 있었으며, 생식 능력을 기준으로 인류를 구분할 수 없다면 다른 육체적 특성 중에서 구분할 기준을 찾아야 했다. 특정한 특성을 인종 분류의 기준으로 삼으려면, 우선 그 특성이 모든 인류에게 존재하나 특정 인종에서는 독특한 형태로 발현되어야 한다. 예를 들어, 극도로 어두운 피부색, 심한 곱슬머리, 특정 형태의 넓고 납작한 코는 니그로이드 인종에서만 찾아볼 수 있는 특성이다. 이런 식으로 인종 분류의 기준으로 연구되고 이용된 특성은 수도 없이 많으며, 현대적인 인종 개념을 이해하려면 이들 연구를 살펴볼 수밖에 없다.

피부색

가장 먼저 눈길을 끄는 인종적 특성은 피부색이다. 고대 이집트인들은 네 가지 안료를 사용하여 그들이 알던 네 가지 민족의 피부색을 묘사했다. 이집트인은 붉은색, 아시아의 적수들은 노란색, 북방의 민족은 흰색, 니그로이드는 흑색이었다. 여기서 한 가지가 줄어든 나머지 셋은 그리스어 단어로 옮겨갔다. 그리고 그 분류 방식은 인류를 동물학적으로 분류할 때 가장 널리 사용되는 세 가지 범주 안에 그대로 남아 있다.

> Leucodermi — 하얀 피부
> Xanthodermi — 노란 피부
> Melanodermi — 검은 피부

이런 분류는 큰 틀에서 코카소이드(백인종), 몽골로이드(황인종), 니그로이드(흑인종)에 대응하며, 가장 명확하게 눈에 띄는 인간의 분류법이다. 앞으로 살펴보겠지만, 나머지 육체적 특성은 이들 세 집단의 고유 특성으로 간주할 수 있다. 세 인종은 각자 상당한 지리적 범주를 차지하며, 인류의 분화를 명백하게 보여준다.

그러나 당연한 소리지만, 과학적으로 보자면 피부색은 세 주요 인종의 구분 기준으로서는 상당히 제한적일 수밖에 없다. 각 집단의 범주는 제법 포괄적이기 때문에, 일부 백인종의 피부색은 일부 흑인종의 피부색보다 짙게 마련이다. 프랑스의 형질인류학자인 폴 브로카*는 피부색을 34가지로 분류했고, 조제프 데니케르**는 9가지로 분류했다. 피부색을 잘게 쪼개어 분류하면 도움이 되는 부분도 있지만, 서로 겹치는 피부색의 문제는 한층 심각해진다.

피부색이라는 피상적인 특성을 인종의 기준으로 사용하는 일은, 논쟁의 여지가 있는 집단을 주요 인종에 배정하려 할 때 특히 심각한 문제가 된다. 피부색 범주가 니그로이드에 가까운 오스트레일리아 원주민을 니그로이드로 분류할 수 있는가? 피부색 범주가 백인에 가까운 밝은 피부의 아르메니아인은 코카소이드인가? 모든 연구자가 이런 분류가 피상적이라는 사실에 동의할 것이다.

피부색은 인류의 민족 집단을 넓은 지리적 범주에서 느슨하게 적용할 때 이점을 지닌다. 그러나 과학적 기준으로 사용하기에는 엄밀한 유용성보다는 전반적인 경향을 나타낼 뿐이다.

---

* Paul Pierre Broca(1824-1880). 프랑스의 의사, 해부학자, 인류학자. 브로카 영역을 발견하고 골상학 연구로 방대한 양의 두개골 용적을 비교하는 실험을 행했다.

** Joseph Deniker(1852-1918). 러시아 출신 프랑스 박물학자, 인류학자. 유럽의 세부 인종 지도를 제작하려 시도했으며, 유럽인을 6개의 주인종과 4개의 부인종으로 분류하는 체계를 구상했다.

눈동자 색깔과 눈의 형태

눈동자 색소는 개인의 신체 특성으로서 종종 기록되지만, 특정 개인이 특정 인종의 일원인지를 판별할 때는 도움이 되지 않는다. 갈색 눈은 모든 인종에서 흔하며, 따라서 분류 용도로 사용될 수 없다. 푸른색처럼 그보다 특수한 눈 색깔은 특정 민족 집단 전체에서 고루 발현되지 않는다.

인종 구분에 등장하는 눈 형태는 주로 노란 피부의 아시아인에게 흔한 '치켜 올라간' 눈을 가리킨다. 이는 몽골로이드 눈이라 불리며, 안쪽 눈구석 피부의 접힌 형태인 눈구석주름(내안각췌피內眼角贅皮) 때문에 끝으로 갈수록 가늘어지는 구조를 가지게 된다. 여러 백인종에서도 유아기에 찾아볼 수 있지만, 성인이 될 때까지 남아 있는 경우는 드물다. 일부 흑인종에서도 발생하며 일부 미국 원주민(마찬가지로 몽골로이드다)의 특성이기도 하지만, 후자는 가지고 있지 않은 경우가 많다.

모발의 색과 형태

갈색 머리카락은 갈색 눈과 마찬가지로 인류 전반에 다양하게 퍼져 있어서 인종을 판별할 때는 도움이 되지 않는다. 그리고 푸른 눈과 마찬가지로, 금발이라는 특수한 성질은 여러 민족 집단에서 고루 발현되지 않는다.

모발 형태는 분류할 수 있는 특성이다. 여기에는 세 가지 유형이 있다.

직모Leiotrichy ― 곧고 나긋나긋한 머리카락
(예: 중국인, 에스키모)
파상모Cymotrichy ― 물결처럼 반곱슬 형태의 머리카락
(예: 유럽, 인도, 오스트레일리아 주민)
축모Ulotrichy ― 헝클어지는 곱슬머리
(예: 니그로이드, 멜라네시아인)

이런 차이가 생기는 이유는 각각의 머리카락 단면도를 현미경으로 관찰해보면 확인할 수 있다. 직모의 단면은 둥글고, 축모는 극도로 타원형이고, 파상모는 그 중간 정도다.

피부색과 마찬가지로, 이런 여러 모발 형태는 넓은 지리적 분포를 지니는 종족 집단에서 확인할 수 있으며, 따라서 이런 주요 집단의 특성을 기술할 때는 의미가 있을 수도 있다. 모발 형태가 가지는 인종적 특성으로서의 문제는, 다른 방식의 분류와 상치될 수 있다는 것이다. 오스트레일리아의 검은 피부 원주민은 유럽인처럼 부드러운 파상모를 가지지만, 그렇다고 해서 유럽인으로 분류할 수 있는 것은 아니다. 마찬가지로 직모인 에스키모 또한 중국인이 아니다. 부드러운 파상모는 유럽

인, 이집트인, 그리고 동부 지중해에서 인도에 이르는 아시아 계열의 민족에서도 찾아볼 수 있으며, 이들은 다른 육체적 특성에서는 큰 차이를 보인다. 물론 모발 형태가 인종 분포 연구에서 일정한 가치를 지니는 것은 사실이며, 오세아니아 서부 지역의 검은 피부를 가진 멜라네시아인이(예를 들어 솔로몬제도의 원주민 등) 유전적으로 아프리카의 니그로이드와 유연관계에 있음을 단순히 머리카락의 형태만으로 부정하는 사람은 아무도 없다.[*]

코 형태

형질인류학자들은 코의 유형을 측정하는 데 상당한 노력을 기울여 왔다. 코의 형태는 보통 두 가지로 나뉜다.

협비형Leptorrhine — 폭이 좁은 코 (예: 유럽인, 에스키모)

광비형Platyrrhine — 납작하고 폭이 넓은 코

(예: 니그로이드, 태즈메이니아 원주민)

---

[*] 현대 유전자 분석에서는 아프리카인과 멜라네시아인을 같은 인종으로 분류하지 않는다. 아프리카인은 멜라네시아인보다는 코카소이드에 가까우며, 멜라네시아인은 오스트랄로이드에 속한다고 본다.

그 외에도 콧등의 특징에 따라 오목형, 돌출형, 곡형(매부리 코), 직선형 등의 다양한 기술이 존재한다.

물론 특정 극단적인 코 형태는 일부 집단에서만 관찰되기는 한다. 납작하고 넓은 코 형태 중 일부는 특정 니그로이드 집단에서만 발견되고, 협비형 매부리코의 일부 형태는 특정 코카소이드 집단에서만 발견된다. 그러나 이 경우에도 다른 기준에서 니그로이드나 코카소이드로 특정되는 개인을 코 형태만 가지고 다르게 분류하는 일은 벌어지지 않는다. 양쪽 인종 모두 다양한 코 형태가 존재하기 때문이다.

신장

키는 극단적인 육체적 특성이라 할 수 있는데, 유전적 요인이 존재하지만 동시에 환경에 의해 손쉽게 바뀔 수 있기 때문이다. 여러 연구를 통해 신장과 체중에는 식생활, 질병, 기타 여러 삶의 요소들이 영향을 끼칠 수 있음이 입증되었다. 따라서 대부분의 경우, 신장은 유전적 관계를 측정하는 데 있어 신뢰할 수 있는 지표가 아니다. 그 반례로는 피그미족의 경우가 있는데, 신장이 명확하게 유전적 요인이며 동물학적 분류에 사용될 수 있기 때문이다. 그러나 그 외의 경우에는, 설령 신장에 유전적 요인이 존재한다 하더라도, 다른 지표로 정의된 각각의 인종 안에서는 서로 다양한 신장의 집단들이 경쟁을 벌이게 된다. 측정된 가장 큰 집단과 가장 작은 집단은 양쪽 모두 니그로이드이며, 심지어 티에라 델 푸에고와 같은 외진 섬에서도 극도로 키가 큰 아메리카 원주민 부족이 극도로 작은 부족과 이웃해 살고 있기도 하다. 인종의 지표로서 신장을 사용할 경우에는 오류를 범할 가능성이 매우 크다고 할 수 있다.

두지수

두지수란 머리를 위에서 내려다봤을 때 최고 넓이와 최고 길이의 비를 의미하며, 백분율로 표기한다. 이렇게 두상을 측정한 수치는 세 가지 유형으로 나눌 수 있다.

장두형Dolichocephalic — 두지수 75 이하의 폭이 좁은 머리형
중두형Mesocephalic — 두지수 75~80의 중간 머리형
단두형Brachycephalic — 두지수 80 이상의 폭이 넓은 머리형

두지수는 형질인류학에서 가장 손쉽게 찾아볼 수 있는 인간의 측정 지수이며 특정 인구 집단에 대한 자료 또한 어렵지 않게 구할 수 있다. 그 이유는 두지수가 명확하고 측정하기 쉬운 지수이며, 피부의 두께를 적당히 고려하면 산 사람의 머리뿐

아니라 죽은 사람의 두개골로도 측정할 수 있기 때문이다.

두지수는 몽골로이드 또는 니그로이드와 백인종을 구분하는 데는 아무런 도움도 되지 않는다. 주요 인종마다 특정한 값을 지니지 않는 것은 물론이다. 예를 들어, 아메리카 원주민 집단 중에도 지금껏 측정된 중에서 가장 좁은 머리형과 가장 넓은 머리형을 가진 이들이 존재하지만, 이들은 다른 기준으로는 전부 같은 인종으로 묶인다. 마찬가지로 모든 코카소이드도 일정한 두지수를 가지지 않으며, 백인종의 하위 집단마다 평균 측정 두지수의 특정한 양상이 존재한다. 다른 말로 하자면, 다른 기준으로는 비슷한 대형 집단 안에서도 두지수에는 고점과 저점이 존재하며, 주로 국지적인 변화 양상만을 묘사할 수 있다는 것이다.

지금까지 인종의 기준으로 사용되는 주요 해부학적 특성을 살펴보았다. 이 외에도 조금 다른 분야기는 하지만 혈액형에 관한 연구도 존재한다. 혈액형에 대한 지식은 주로 수혈을 시도하다가 특정인의 혈액이 수혈 대상에게 치명적일 수도 있다는 경험으로부터 얻어진 것이다. 적어도 네 가지 혈액형이 존재한다는 사실이 밝혀졌으며, 이는 인종 연구자들에게 희망을 불러일으켰다. 혈액형을 검사하는 기술은 매우 간단하며, 인종에 관한 최초의 연구 중에서는 아시아계 몽골로이드, 서유럽인, 통상적으로 몽골로이드로 분류되는 아메리카 원주민과 에스키모에게 각각 특정 혈액형이 집중되어 있으리라는 연구도 있었다.

혈액형은 온전히 유전적 요인으로만 결정되며 매우 안정적인 요소다. 혈액형이 A형인 개인은 혈액형이 A형인 조상을 가졌을 것이 분명하다. 따라서 특정 인구집단 내에 다양한 혈액형이 존재한다면, 이는 조상 세대에서 혼혈이 존재했다는 명확한 증거가 된다. 그러나 오스트레일리아 원주민처럼 고립된 인종에서 서유럽인의 특징으로 여기는 A형의 비율이 높은 경우가 발생한다. 그리고 유럽인의 10에서 30퍼센트가량은 B형을 지니는데, 이는 인도와 동아시아 지역에서 가장 두드러지는 혈액형이다. 혈액형에 관한 연구는 인류 초기부터 상당한 양의 생물학적 혼합이 가장 강렬한 방식으로 일어났다는 사실을 입증해 준다.

이제 인류를 생물학적으로 타당한 집단으로 나누고자 할 때 인종 연구자들이 마주하는 여러 문제를 이해할 준비가 끝났다. 코카소이드, 몽골로이드, 니그로이드라 불리는 집단이 세계의 서로 다른 지역에서 특화된 해부학적 특성을 가지도록 오랜 세월에 걸쳐 적응해 왔다는 사실은 의심의 여지가 없다. 그러나 위에서 살펴본 여러 기준으로 살펴도 특정 인종으로 명확히 구분할 수 없는 개인은 수없이 존재한다. 일부 니그로이드보다 피부색이 어두운 백인도 있다. 갈색 모발과 눈동자는 모든 인종에서 공통적으로 찾아볼 수 있다. 다양한 구성원을 지닌 인종마다 같은 두지수를 가지는 집단을 확인할 수 있다. 오스트레일리아 원주민이나 서유럽인처럼 멀리 떨어진 인종에서도 비슷한 모발 형태를 찾아볼 수 있다. 혈액형은 인종을 정의할 수 없다.

인종의 구별이란 이런 여러 해부학적 특성의 조합에 의존한다고 할 수도 있다. 그러나 이런 여러 특성은 언제나 동시에 존재하지는 않는다. 만약 어떤 연구자가 피부색을 먼저 선택한 다음, 스웨덴에서 흰 피부를 지닌 개인을 골라냈다고 해 보자. 첫 번째 기준에 금발과 푸른 눈을 더하면 집단의 크기는 줄어들 것이다. 여기에 큰 키를 더하면 수는 더욱 줄어든다. 장두형을 더하면 특정 개인들이 추가로 배제된다. 이제 연구자에게는 키 크고 금발에 푸른 눈과 흰 피부를 지닌 장두형 개인들이 남는다. 그러나 이들은 한 묶음의 개인일 뿐, 스웨덴인을 대표하지는 않는다. 안데르스 레치우스*는 수천 명의 스웨덴 징병 대상자의 육체적 특성을 측정했다. 방금 우리가 열거한 특성의

---

* Anders Adolph Retzius(1796–1860). 스웨덴의 해부학자. 다양한 생물학 분야에 업적을 남겼으며, 특히 골상학의 개척자로 불린다.

조합으로 유명한 나라임에도 불구하고, 이런 조건을 만족하는 개인은 전체의 11퍼센트에 지나지 않았다. 게다가 이 경우 특성 중 세 가지, 즉 흰 피부, 푸른 눈, 금발이 모두 특정한 색소 유형의 영향이라 함께 발현될 가능성이 크다는 점도 고려해야 할 것이다. 여기에 다른 해부학적 기준을 추가로 도입했더라면 그의 집단은 훨씬 작아졌을 것이다.

이런 상황이 얼마나 심각한 것인지를 파악하기 위해서, 흑곰을 연구하는 동물학자의 입장이 되어 보도록 하자. 이 동물학자는 특정 흑곰의 변종이 지니는 다섯 가지 특성을 열거한 다음, 전 세계의 모든 흑곰 집단 중에서도 이런 특성으로 이름난 집단을 골라서 수치를 측정했다. 그런데 그 집단 안에서도, 모든 특성이 일치하는 경우가 11퍼센트밖에 되지 않는 것이다. 그렇다면 이 동물학자는 두 가지 중 하나를 선택해야 한다. 집단을 명확하게 구분하기에는 선택한 특성에 변수가 너무 많거나, 아니면 그 집단 자체가 다른 변종과의 교잡으로 형성되었으며 원본 변종으로서 기능할 수 없다는 것이다.

형질인류학자 또한 정확히 같은 방식으로 이런 두 가지 가능성을 고려할 필요가 있다. 자신이 선택한 특성들이 그저 피상적인 개인 경험에서 나온 것일 뿐이며, 실제로 스웨덴을 대표하는 특성은 아닐 수도 있는 것이다. 우리가 지금까지 살펴본 것처럼 갈색 모발, 갈색 눈, 희지 않은 피부가 인류 전체의 공통적인 특성이기 때문에, 스웨덴에서 그 반대인 금발, 푸른 눈, 흰 피부가 관심을 끌었는지도 모른다. 극단적인 특성은 언제나 지나치게 눈에 띄게 마련이다. 그러나 그런 이유로 유독 금발에 민감하게 반응해서 기준을 그쪽으로 세우게 된다면, 이는 스웨덴인의 실제 구성을 무시하고, 보다 어두운 색소를 가지는 다른 인류 집단에 비해 금발이 얼마나 독특한지만을 강조하는 결과가 된다. 측정으로 증명되지 않은 어림짐작에 지나지 않는 것이다.

반면 형질인류학자는 두 번째 가능성도 염두에 두어야 한다. 그가 얻은 키 크고 피부가 희고 푸른 눈에 노란 머리카락과 폭이 좁은 두개골을 가진 11퍼센트의 사람들이 원래의 순수한 인종의 모습이며, 통혼에 더럽혀지고 다른 이민자 혈통이 섞여버렸기는 해도 여전히 순수한 원래 인종을 제대로 대표할 수도 있다는 것이다. 이 경우 형질인류학자는 자신의 해석을 생물학적 유전의 법칙에 따라 검증할 필요가 있다. 특히 독립 전달의 법칙이 존재하는 이상은 말이다. 이 법칙은 혈통이 섞일 경우 모발 색이나 지능 등 양쪽 부모로부터 물려받은 특질이 어떤 식으로 나뉘어 새로 조합되는지를 설명한다. (94-99쪽 참조) 유전이란 언제나 이런 방식으로 이루어진다. 따라서 일단 혈통이 혼합된 후에는, 설령 여전히 그 피가 흐르는 개인이 남아 있다고 하더라도, 어떤 개인도 원본 인종을 온전히 대표할 수 없다.

　형질인류학자가 측정하는 대상이 스웨덴인이든 알제리인이든 중국인이든 그리스인이든, 언제나 같은 문제가 등장하게 마련이다. 방대한 규모의 혼혈이 일어났다는 명백한 증거나, 또는 자신이 특정 집단에서 설정한 '이상적인' 유형이 그저 환상일 뿐이라는 사실만 계속해서 발견하게 된다. 자신의 연구 집단에서 발견한 내용을 다른 집단을 연구하는 학자와 비교해 본다면 — 예를 들어, 스웨덴인과 시칠리아인이라든가 — 자신이 설정한 기준 특성을 다른 집단에서도 찾아볼 수 있다는 사실을 깨닫게 될 것이다. 그저 통계적 분포가 다를 뿐이다. 그게 전부다. 처음에는 조류의 종을 구분하듯이 인류의 해부학적 변종을 구분하려 시도하지만, 결국에는 인간의 상황이 새와는 일치하지 않는다는 증거를 수집하는 데서 그치게 된다.

　따라서 형질인류학자는 새나 개를 연구할 때와 같은 방법론을 사용하기를 포기하고, 자신이 수집한 사실과 일치하는 분류 방법을 고안해 낼 수밖에 없다. 여기서 그가 내릴 수밖에 없는 결론은 이렇다. 세계의 넓은 영역마다 인류에게는 특정한 해부학적 특수성이 발현되었으며, 그중 가장 뚜렷한 범주는 코카소이드, 몽골로이드, 니그로이드다. 그보다 국지적인 영역에서도 정도는 덜해도 정확히 같은 방식으로 특수화가 일어나기는 했지만, 모든 주요 인종에서는 두지수의 경우와 마찬가지로 인종을 막론하고 같은 특성이 발현되는 경우를 여럿 찾아볼 수 있다. 이런 해부학적 특성들은 역사의 여명기부터 명확하게 인지되어 온 오래된 것들이다. 그러나 고도로 발달한 문명은 비교적 최근에나 등장했으며, 세계의 여러 지역에서 번갈아 가며 등장한다. 그리고 인종이라는 개념을 세 가지 커다란 분류로 사용하든, 아니면 그보다 작은 소분류로 사용하든, 문명의 발달은 특정 인종의 전유물이 아니다. (31-37, 143-148쪽 참조) 현재 전 세계의 신체적 형질 분포를 이해하려면, 초기 신석기부터 현재에 이르는 여러 민족의 이주의 역사를 참고할 수밖에 없으며 (4장 참조), 그 점은 곧 서구 문명의 중심지에 '순혈 인종'이 존재하지 않음을 입증한다.

따라서 우리는 우선 주요 인종의 특성을 개괄하고, 다음으로 국지적 특수화의 사례를 살펴야 할 것이다. 물론 주요 인종의 특성이란, 그 혈통 내부의 다양한 국지적 변이를 포함해야 하므로 상당히 일반화된 것일 수밖에 없다.

코카소이드는 비교적 털이 많으며, 부드러운 (파상모 또는 축모) 모발을 가지고, 돌출턱의 비율이 약간 존재하며, 비교적 높고 가는 코와 직선형 눈을 가진다. (주의점: 특정한 두지수나 신장, 모발 또는 눈동자 색은 코카소이드의 특징이라 할 수 없다. 심지어 피부색조차도 극도로 다양하다.)

몽골로이드는 얼굴과 신체의 털이 매우 적으며, 모발은 축

늘어지는 직모다. (주의점: 피부색은 정의의 대상으로 삼기에는 너무 다양하다. 처진 눈은 국지적 특성이며 일부 아메리카 원주민에서는 산발적으로만 발현된다. 두지수는 인류의 알려진 모든 범주와 일치한다. 코 형태 또한 로마형에서 오목형까지 다양하다)

니그로이드는 피부색의 범주가 가장 어두운 쪽이며, 독특한 모발 형태와 두꺼운 입술을 지니고, 돌출턱이 자주 등장하며, 코가 납작하다. (주의점: 니그로이드의 신장은 극도로 다양하며, 인류에서 가장 큰 집단과 가장 작은 집단이 동시에 소속된다. 두지수 또한 다양하지만, 장두형이 많은 편이다)

프란츠 보아스*는 심지어 이런 주요 인종조차 몽골로이드와 니그로이드의 두 가지로 나누는 쪽이 옳다고 주장했다. 코카소이드는 몽골로이드의 국지적 특수 형태라고 생각한 것이다. 그는 이렇게 하는 편이 일본의 원주민 집단인 아이누족이 코카소이드의 특성을 보인다는 점을 설명하기에 유리하다고 생각했다. 아이누를 관찰한 이들은 하나같이 백인과의 유사성을 언급하곤 했다. 단순히 피부색만이 아니라 체모가 많다는 점에서도 주변 몽골로이드 집단과의 차이점이 드러난다는 것이다. 만

---

* Franz Uri Boas(1858-1942). 독일 태생 미국 인류학자. 현대 인류학의 선구자로 '미국 인류학의 아버지'로 불린다. 역사적 특수주의와 문화 상대주의 관점의 시조로 유명하다.

약 아이누와 백인종이 대표하는 형질이 몽골로이드에서 발현될 가능성이 존재한다면, 아이누와 백인종 사이의 유사성은 굳이 가상의 이주 집단을 상정하지 않더라도 평행 발달로 인한 유사점의 돌출로 이해할 수 있을 것이다.

신대륙이 발견되고 집단 이주가 시작되기 전까지는, 현재의 세 가지 주요한 인종 집단은 제각기 특정 바다를 중심으로 배치되어 있었다. 코카소이드는 지중해, 니그로이드는 인도양 주변, 몽골로이드는 태평양이다. 특히 니그로이드 종족의 특성은 아프리카만이 아니라 태평양 서부의 멜라네시아에서도 발견된다. 멜라네시아인이라는 호칭 자체가 '검은 섬사람'이라는 뜻이기도 하다. 몽골로이드는 아시아뿐 아니라 신대륙 전역에 걸쳐 분포하며, 신대륙의 몽골로이드는 아메리카 원주민이라 부른다.

애매한 민족을 특정 주요 종족에 할당하는 행위가 과학적으로 별 의미가 없는 것은 분명하다. 코카소이드, 몽골로이드, 니그로이드는 그저 세계에서 가장 널리 분포하며 해부학적으로 명확한 특성을 가지고 있는 인종일 뿐이다. 이들 주요한 세 인종의 역사가 현재 주변부를 차지하는 인종들의 역사보다 중요하거나 색다른 것 또한 아니다. 더 많은 신체적 특성을 염두에 둘수록, 분류 집단은 더욱 분화될 수밖에 없다. 오스트레일리아 원주민이나, 심지어 부시먼-호텐토트까지도, 한때 지구상에 널리 분포되어 있다가 주변부로 밀려난 집단의 대표일 수도 있는 것이다. 거꾸로 폴리네시아인은 오래전에 인종 교잡으로 인해 두드러지는 특성을 지니게 된 변종일지도 모른다. 인류의 동물학적 연구로 여러 순수한 인종이 존재했다는 증거가 등장했다면, 이 모든 질문에 답을 구하는 일이 중요했을지도 모른다. 그러나 모든 증거가 하나의 인류가 점진적이며 지역적으로 분화되어 왔다는 사실을 뒷받침하기 때문에, 이런 질문은 생물학적으로 거의 의미를 지닐 수 없다.

신체적 특성의 점진적이고 국지적인 분화는 주요 인종 집단 또는 폴리네시아인이나 오스트레일리아인처럼 명확하게 구분되는 집단에서만 일어나는 것이 아니다. 널리 퍼진 인종에서도 각각의 하위 집단마다 일어나는 것이 가능하다. 때로는 두지수에서, 때로는 신장이나 모발이나 피부색에서 분화가 일어난다. 인간 신체의 측정에 기반한 가장 흔히 쓰이는 분류에서, 유럽의 코카소이드는 북구인, 알프스인, 지중해인이라는 세 가지 하위 집단으로 나뉜다.* 북유럽의 북구인은 종종 금발과 흰 피부, 큰 키, 장두형 두개골을 가진다. 북구인은 러시아, 핀란드, 에스토니아, 리투아니아, 스칸디나비아, 네덜란드, 벨기에, 독일, 프랑스, 잉글랜드에서 찾아볼 수 있다. 중유럽에 사는 알프스인은 다양한 육체 형태를 지니지만, 주로 다부진 체구, 중간 정도의 피부색, 단두형 두개골을 가진다. 이들은 독일과 프랑스에 주로 분포하며 유럽 중부의 고산지대를 따라 동부 루마니아에 이르는 영역에서 찾아볼 수 있다. 아드리아해 서편의 남유럽에 사는 지중해인은 가벼운 체구, 비교적 어두운 피부색, 북구인과 비슷한 장두형 두개골을 지닌다. 물론 이런 분포는 어디까지나 밀도의 문제일 뿐이다. 모든 유럽 국가에는 다른 지역에서 더 많은 유형에 속하는 개인들이 상당수 분포해 있기 때문이다. 그래도 이 중 많은 특성, 이를테면 두지수의 분포 경향성은 충분히 확인할 수 있다. 이들 신체 유형은 유럽 지도 전체에 걸쳐 가로선에 가까운 형태로 분포하며, 독일이나 프랑스 같은 현대 국가의 경계선에 따라 달라지지 않는다. 양쪽 모두 북구인 유형이 흔한 북쪽 영역과, 그보다 훨씬 넓은 알프스인 영역을 포함하기 때문이다.

지중해인과 알프스인 유형에는 유럽 외의 민족도 상당수 포함된다.

---

* 북구인/알프스인/지중해인의 분류는 1899년 미국인 경제학자 윌리엄 Z. 리플리에 의해 제창되었으며, 이후 여러 변용을 거치며 20세기 초반 인류학의 정설로 자리잡았다. 그러나 이 분류법은 2차 대전 이후 인류학계의 주류 이론에서 밀려났으며, 90년대에 들어 현대 유전학의 대두로 완전히 사장되었다. 베네딕트가 본문에서 인용하는 칼튼 쿤은 리플리의 인종 이론을 당대에 맞게 다듬었으나, 그의 이론이 미국 분리주의 정책의 정당화에 사용되며 60년대부터 공격의 대상이 되었다. 쿤은 1981년 사망하기 전까지 자신의 이론을 옹호하며 무수한 논쟁을 일으켰다.

알프스인 하위 인종은 유럽과 아시아 양쪽으로 뻗어 있으며, 지중해인의 북쪽에 가로로 널찍하게 뻗은 영역을 가진다. 따라서 이들은 때론 범유라시아인이라고 불리기도 한다. 가장 최근에 유럽인의 형질인류학에 대해 저술한 칼튼 쿤*에게서 전문가의 한 마디를 빌려오자면, '알프스인이라는 인종 형질은 지리적으로 넓은 영역에 걸쳐 존재하며, 그 범위는 프랑스에서 중국에 이른다. 이 영역 안의 인종은 신장, 머리와 얼굴의 부피, 다모성多毛性, 그리고 전반적인 형태학적 요소에서 거의 일정한 정도를 유지한다.'[6]

지중해인 하위 인종에는 이집트 인구의 대다수를 차지하는 함족, 셈어를 사용하는 셈족이 들어간다. 아라비아의 베두인족은, 쿤의 표현을 빌리자면 '순수한 지중해 인종'[7]이라 할 수 있다. 그리고 그는 페르시아와 아프가니스탄의 이란-아프간인 또한 이 집단에 포함시킨다.

인종과 주권국가 사이에 어떤 연관 관계도 없다는 사실은 명백하다. 독일이나 프랑스의 정책을 결정하는 개인, 또는 길거리에서 전쟁의 승리를 부르짖는 개인들은 두지수의 유사성

---

* Carleton Stevens Coon(1904-1981). 미국의 인류학자. 형질인류학에 기반한 인종 이론을 정립했으며, 고고학과 신비동물학의 연구자이기도 했다.

이나 공통된 가계도로 한데 묶이는 것이 아니라, 같은 신문을 읽으며 같은 국기 아래 목숨을 바칠 것이라는 사실로 한데 묶이는 것이다. 독일의 알프스인은 코카서스 지방의 조지아인이나 러시아령 투르키스탄의 타지크인들과 같은 계통수에 속하지만, 그렇다고 대의명분을 공유하지는 않는다. 이탈리아의 지중해인과 베두인족도 마찬가지다. 알프스인과 지중해인이라는 하위 집단은 문화의 복잡성이 극도로 다른 여러 공동체에서 우위를 점하며, 따라서 레이시즘 사상이 주입되지 않는 이상은 형질의 차이를 이유로 편을 먹고 전쟁을 벌이지는 않을 것이다.

　신체적 유형이 실제로 분포된 상태를 이해하려면 역사 속의 이주, 정복, 민족 간의 혼혈 등을 고려해야 하며, 유럽의 경우에는 특히 그런 요소를 이해할 필요가 있다. 다음 장에서는 해당 방향의 논의를 살펴보도록 하겠다.

사람들의 주장

더 이상 줄일 수 없는 분류 단위로서의 인종이란 우리 뇌 속의 허구일 뿐이다.

장 피노,* 『인종의 편견 *Race Prejudice*』

인류의 여러 인종은 특정 동물종을 분류할 때처럼 명확하거나 균등하거나 영구적인 차이에 의해 서로 구별되는 것이 아니다. 인종을 구성하는 모든 다양한 형질은 변할 수 있으며, 각 인종 간에는 감지할 수조차 없는 점진적인 차이만이 존재할 뿐이다.

J. C. 프리처드,** 『인류의 자연사 *Natural History of Man*』

---

* Jean Finot(1858-1922). 폴란드 출신 프랑스 언론인, 사회학자. 20세기 초 프랑스에서 '과학적 인종주의'의 격렬한 반대자로 활동했다.

** James Cowles Prichard(1786-1848). 영국의 의사, 민족학자. 정신의학의 선구자이며 저서를 통해 인간의 진화를 암시하기도 했다. 『인류의 자연사』에서는 모든 인종에서 같은 정신적 형질이 관찰된다고 부연하기도 했다.

발달을 저해당한 북구인의 골격은 과성장한 근육질 지중해인의 골격과 구별할 수 없다. 북구인은 보통 길고 폭이 좁은 얼굴, 더 큰 안와상융기眼窩上隆起, 경사진 이마, 길고 폭이 좁고 높은 콧대, 눈에 띄게 튀어나온 턱을 가진다고 간주된다. 그러나 나는 그 어떤 형질인류학자도 지중해 인종의 아랍 하위인종에서 키가 큰 이들의 골격과 북구인의 골격을 명확하게 구분할 수는 없으리라 생각한다.

어니스트 A. 후튼, 『유인원부터 살펴보는 인류』

4장 민족의 이주와 혼합

이주란 인류 그 자체만큼이나 오래된 행위다. 나무 위에서 살던 우리 조상들은 구세계 어디선가 조금씩 인간의 수준에 근접해 가다가, 마침내 최초이자 가장 놀라운 집단 이주를 감행했다. 오늘날 우리의 눈에 네안데르탈인은 유인원과 닮은 무력한 동물로 보이지만, 그들은 적어도 불과 석기를 사용할 줄 알았다. 네안데르탈인은 빙하기 초기에 아시아에서 유럽으로 퍼져나가 그 상당 부분을 점유했다. 그러나 네안데르탈인의 이주는 그 뒤를 따른 초기 형태의 호모 사피엔스의 이주에 비하면 아무것도 아니었다. 느리지만 막을 수 없게 꾸준히 이어진 그런 이주 덕분에, 역사 시대가 시작할 즈음 인간은 온 세상을 점유하게 되었다. 인간은 육지가 끝나는 곳에서도 굴하지 않고 베링 해협을 건너 신대륙으로 진출했으며, 아메리카 대륙에서도 알래스카에서 티에라 델 푸에고에 이르는 모든 곳을 점유했다. 배도, 농경도, 가축도 모르는 채로, 아주 단순하고 기초적인 도구만 가지고도 오스트레일리아로 건너가 그곳의 가혹한 사막에 적응하기도 했다.

다른 어떤 동물에게도 이런 극적인 역사는 존재하지 않는다. 이토록 다양한 극단적 환경을 극복한 동물도 없다. 이런 일이 벌어졌다는 점만으로 유추하면, 무력했던 초기 인간이, 습도 높은 적도 지방의 밀림이나 황량한 극지방의 툰드라에 적응하는 과정에서 다른 형태의 신체 기관을 만들어냈다고 가정하는 편이 논리적일 것이다. 다른 말로 하자면, 사슴과의 동물들이 아북극에서는 순록이나 엘크가 되고 온대와 열대에서는 다양한 사슴 종류로 분화한 것처럼, 인간도 여러 종으로 분화했어야 마땅하다는 것이다. 따라서 진정으로 놀라운 사실은 인간의 신체 구조가 전혀 변하지 않았으며 그 모든 힘겨운 환경을 오로지 발명의 힘으로만 극복해 냈다는 것이다. 집을 짓는 법, 옷을 지어 입는 법, 식량을 확보하는 법 등 말이다. 생존에 가치가 있을 만한 신체적 적응으로는 피부색을 꼽을 수 있다. 짙은 피부색은 화학적 작용으로 다량 노출되면 피해를 입힐 수 있는 태양 광선을 부분적으로 차단하는 역할을 한다. 따라서 짙은 피부색이라는 특수성은 열대 지방의 사람들에게 이득으로 작용하는 것이다. 다른 특수성은, 즉 두개골 형태, 모발의 종류, 심지어 신장마저도, 실제로 생존에 끼치는 영향은 거의 없으며 이런 관점에서는 무시해도 좋을 정도다.

그러나 다른 관점에서 보면 이런 특수성은 절대 무시할 수 없는 요소가 된다. 인간이란 다른 어떤 사실보다도 인간의 다양성에 관심을 가지게 마련이며, 생쥐의 경우라면 아무런 관심도 없이 지나칠 만한 차이점도 인간의 경우에는 박해와 추방의 빌미가 되기 때문이다. 동물학적 견지에서는 놀랄 정도로 사소하고 하찮은 성질에 불과한데도 말이다.

신체적 차이점의 분포도를 이해하려면 우리는 역사적 사실에 기대야 한다. 전 세계에 걸친 인류의 극적인 확산에는 두 가지 측면이 존재한다. 하나는 인간이 세상 곳곳에 천천히 스며들듯 번져갔다는 것이고, 다른 하나는 특정 지역을 반영구적으로 점유하고 고립되어 국지화되었다는 것이다. 인간은 엄청난 이동성을 지니면서도, 동시에 정주성 또한 지니는 것이다. 석기 시대의 세계에는 거주지의 밀도가 희박했기 때문에, 한 지역에 자리를 잡은 집단은 수 세기 동안 그곳을 점유할 수 있었다. 그 어떤 외부인의 압력도 없이, 여러 세대가 지나도록 후손을 낳고 사망하며 고립된 세계로서 존재하는 일이 가능했다. 이런 '세계'에서는 구성하는 전체 집단의 실제 크기와는 무관하게 결국 근친교배가 일어날 수밖에 없으며, 원시적인 환경에서는 집단의 크기조차 매우 작은 경우가 다반사였다. 이런 경우 부족에서 결혼하는 두 사람은 어떻게 해도 공통의 조상을 가질 수밖에 없으며, 따라서 다른 곳에서는 보기 힘든 특성이라도 특정 지역에서는 근친교배로 인해 표준이 될 수도 있는 것이다. 이런 경우에는 흥미로운 특수성이 관찰되기도 한다. 라플란드인은 구개口蓋의 가운데를 가로지르는 융기선이 존재하며, 페루의 잉카인은 두정간골頭頂間骨이 특이하게 발달되어 있다. 이런 사소한 해부학적 특성은 돌연변이를 통해 얻어졌으며(102쪽 참조), 이후 고립된 장소에서 혈족간의 근친교배를 통해 흔해진 것이다.

이렇게 정주하며 집단 내에서만 교배하는 집단이 부차적 특성에서 다른 집단과 분화되는 경우, 그런 정주 지역을 '특수화 지역'이라고 부른다.[8] 따라서 동아시아는 치켜 올라간 눈의 특수화 지역이며, 인도에서 서유럽에 이르는 광활한 영역은 부드러운 곱슬머리의 특수화 지역이다.* 인류의 여명기에는 인류의 이주 속도가 오늘날보다 훨씬 느렸기 때문에, 일부 특수화 지역의 사람들은 너무 오랜 세월 동안 집단 내에서만 교배해 온 결과 인종적 순수성에 도달했을 수 있다. 유전학자들은 17세대에 걸쳐 완벽한 집단 내 교배만 이루어진다면 유전적으로 순수하다고 부를 수 있는 상태에 도달한다고 말한다. 말하자면 콜럼버스가 태어나기 전부터 지금까지 지속적으로 이루어졌어야 한다는 말이다. 이런 순수 혈통을 실험실에서 얻으려면 그저 암수 한 쌍의 후손들만 서로 교배시키는 것으로 충분하다. 인간 사회에서 이런 식의 근친교배는 분명 매우 드물었을 테지만, 외부와의 접촉이 없는 지역에서는 거의 근접하는 상황이 벌어질 수 있으며, 인종의 여러 특성에서 확인할 수 있듯이 이상적인 조건이 아니더라도 신체 특성의 분화가 일어나기에는 충분하다.

그러나 특수화 지역은 그런 집단이 다른 집단과 상호교배를 한 후에도 정확히 같은 방식으로 발생할 수 있다. 정주 지역은 기후 변화나 다른 부족의 압박 등의 요인으로 영구적일 수 없기 마련이다. 이런 일이 벌어져서 그때까지 고립되어 있던 두 집단이 접촉하게 된다면, 우리는 그 자손의 신체적 형질로부터 혈통이 섞였음을 확인할 수 있다. 과거에는 적어도 호모 사피엔스가 더 유인원에 가까운 유럽의 선주민인 호모 네안데르탈

* 해든Alfred Cort Haddon(1855~1940) 등이 역설한 '특수화 지역Area of Characterization'은 특정 민족의 발상지를 유추하는 과정에서 정립된 개념이다. 예를 들자면, 해든은 자신의 『민족이동론』에서 '알프스인에 속하는 슬라브족은 폴란드 및 카르파티아산맥과 드네프르강 사이의 지역이 특수화 지역이었던 것으로 보인다'고 서술하며, 이렇게 슬라브인으로 변한 알프스인이 카불과 사마르칸트 사이의 특정 지역에서 그곳으로 이주해 왔으리라 유추한다. 즉, 하나의 인류가 여러 '특수화 지역'으로 이주하여 거주하며 인종적 특성을 획득했다는 것이다. 20세기 초에는 여러 민족의 기원을 설명하는 데 필수적이었던 개념이나, 현대 인류학에서는 거의 사용되지 않는다.

렌시스와 상호교배를 하지 않았으리라 생각했다. 그러나 계속해서 발굴된 중간 단계의 골격은 우리가 알고 있는 가장 멀리 떨어진 인류 사이에도 상호교배가 이루어졌다는 단서로 여겨졌으며, 일부 연구자는 현재 유럽의 인종에서 네안데르탈인의 흔적을 식별해 내기에 이르렀다. 그 이후로 같은 지역에서 접촉한 모든 인종 사이에서 상호교배가 이루어졌음은 자명하다. 이런 상호교배가 이루어진 지방은 다시 한번 특수화 지역이 되었다. 구성 요소가 된 집단의 여러 유전 형질이 조합되어, 그 어느 선조와도 다르나, 명백히 안정적인 해부학적 형질을 갖춘 새로운 집단이 탄생한 것이다.

오늘날의 세계에도 특수화 지역이 존재한다. 최근에 들어서야 새로운 인종 유형이 안정화된 곳들이다. 그중 일부는 충분한 연구가 진행되어 의심할 여지가 없다. 혼합에 포함된 부모 인종과 새로운 안정적 유형이 등장하는 데 걸린 시간을 알고 있기 때문이다. 이런 현대의 예를 과거의 경우와 비교하려면, 우선 인종적으로 명확히 구분되는 부모 인종이 상호교배할 수 있는 지역을 선택해야 한다. 격리 자체는 핏케언섬처럼 지리적으로 이루어질 수도 있다. 이곳에서는 그 유명한 바운티호의 반란을 일으킨 영국인 선원 여섯 명과, 문명으로부터의 탈주에 동행한 타히티인(폴리네시아인) 여성들의 자손이 1790년 이래 근친교배를 계속하며 살아왔다. 사회적 격리는 이보다 흔하며, 혼혈 자손은 원주민 공동체나 백인 공동체와 구분되는 상호 결혼 집단을 구성하곤 한다. 남아프리카의 바스타아드 집단의 경우에 이런 일이 벌어졌는데, 보어인과 원주민 호텐토트족 여성 사이의 혼혈 후손은 근친교배 집단으로 남았으며 그 과정에서 여러 세대가 지나며 양쪽 조상 집단과는 다른 안정적인 유형을 구성했다. 오늘날 인도의 여러 앵글로-인도인 집단에서도 비슷한 현상이 벌어지며, 심지어 대도시 중심부에서도 그런 집단을 관찰할 수 있다.

오늘날 세계의 인종을 이해하는 데 가장 중요하고 필수적인 요소는 바로 이런 특수화 지역의 수가 무한하다는 사실을 인지하는 것이다. 과거에도 특수화 지역이 여럿 존재했으며, 그 지역을 대표하는 인종은 지금은 찾아볼 수 없지만, 그들의 '혈통'은 아직 남은 여러 인종에 다양한 정도로 복잡하게 섞여들어 있다. 이들의 신체적 유형을 이제 와서 재구성하기란 불가능할 것이다. 골격조차 사라진 경우가 많으며, 설령 골격이 아직 존재한다 하더라도 인종의 구분에 사용하는 여러 특성은 완벽히 유실되었을 것이기 때문이다. 특정 특수화 지역의 경우에는, 약탈 민족이 사방으로 뻗어나가 두 대륙에 걸쳐 정주하게 된 경우도 있다. 환경이 맞을 경우 이들은 수를 불리고 멀리 떨어진 여러 지역의 옛 주민과 교배하여 새로운 특수화 지역을 형성했다.

한 가지 기억해야 할 점은, 이런 특수화 지역 안에서는 정주와 근친교배가 일정 정도 이루어져야 한다는 점이다. 오늘날 서구 문명의 대도시 중심부 상황은 너무도 많이 달라졌기 때문에, 우리는 보통 이 조건의 함의를 알아차리지 못하기 쉽다. 지구 곳곳에서 끌어온 사람들이 이루는 높은 인구밀도, 그리고 언제든 새로운 미래의 땅으로 이주하려는 성향은 인류 역사에서 최근에야 등장한 것이다. 이런 조건에서는 인종 유형이 즉시 고정되는 일은 벌어지지 않는다. 그보다는 유럽의 많은 곳에 존재하는 농부 계층에서 조건이 맞을 가능성이 크다. 자신이 경작하는 토지에 붙박여 살아가며, 좁은 집단에서 근친교배가 일어나기 때문이다. 우리의 도시들이 특수화 지역이 되려면, 국가와 국제 관계의 틀이 파괴되고 베를린이나 런던의 성벽 안에서만 안전한 삶을 영위할 수 있을 정도가 되어야 한다. 이런 상황이 몇 세대 동안 지속된다면 현재의 비균질적인 인구 또한 차츰 균질화가 이루어질 것이다. 즉 안정적인 인종이라는 이름을 붙일 수 있는 존재로 변하는 것이다.

세계의 인종 유형의 분포를 이해하려면 우선 여러 특수화 중심지의 배경을 이해해야 한다. 이런 곳에서는 고정된 특정 유전 형질이 나타나고, 일부 다른 지역의 인종과 뒤섞인 다음, 혼합이 이루어진 후에는 다시 새로운 유형으로 안정화되는 주기를 반복한다. 모든 조건이 최적인 경우라면, 세상에 존재하는 진정한 근친교배가 일어난 지역 주민의 모든 신체 수치를 연구하여 현대의 특수화 지역의 분포를 알아낼 수 있을 것이다. 몇 종류의 주요 인종을 식별해 내고, 이후 발생한 인종들이 그 직계 후손인지 아니면 혼혈인지를 알아내게 되지는 않을 것이다.

우리는 인류 역사를 있는 그대로 받아들여야 한다. 일부 주요 인종의 개념으로 걸러서 인식하는 것이 아니라, 무한한 수의 특수화 지역이 존재한다는 것을 인식해야 한다. 지금까지 살펴봤듯이, 이런 지역에서는 대개 기존의 안정된 유형들에서 일부 특성을 재조합하여 새로운 유형이 탄생한다. 생물학자 줄리언 헉슬리*는 이렇게 말했다. '인간은 이미 분화된 집단이나 유형 간에 교잡이 발생할 수 있다는 점에서 동물종 중에서도 독특한 위치에 있다. 따라서 특정 집단의 성질과 기원을 탐구할 때는 복수의 조상 혈통도 공통의 조상만큼이나 중요하다 할 수 있다.'[9]

복수의 조상은 물론 오래되고 안정적인 인종 유형의 역사에서도 중요한 역할을 수행했지만, 현대 유럽과 아메리카에서는

---

* Sir Julian Sorell Huxley(1887-1975). 영국의 진화생물학자, 우생학자, 국제주의자. 과학 저술가로서 해든과 함께 파시즘을 논파하는 『유럽인으로서의 우리We Europeans』를 집필했다. 유네스코 초대 사무총장을 역임했다.

그 중요성이 더욱 두드러진다. 옛 공동체의 인구 압력이 교통 수단의 발달과 정치 또는 종교적 이유로 인해 비할 데 없이 활발한 인구 이동으로 이어졌기 때문이다. 그러나 기본적인 과정 자체는 새로울 게 없고 이미 몇 세기 동안 볼 수 있던 것이다. 독일인이나 프랑스인, 옛 미국인의 공통 조상에 대한 이야기를 풀어놓기에 앞서, 우선 몇 세기에 걸친 이주의 결과로 모든 인종에 복수의 조상이 존재한다는 사실을 인식해야 한다.

볼테르는 한때 이렇게 서두를 시작하는 책을 읽은 적이 있다고 한다. '우리 프랑스인의 선조가 되는 프랑크족.' 볼테르는 여기에 대해 이렇게 평했다. '어이, 친구. 누가 그런 헛소리를 지껄였나?' 한때 튜튼족 '야만인'의 소규모 분파였던 프랑크족은 기원후 6세기에 갈리아를 휩쓸어 버리며 프랑스인과 독일인의 여러 조상 중 하나가 되었다. 그러나 그 이름에서 프랑스라는 국명이 탄생했음에도 불구하고, 프랑크족은 당시 '모든 문명을 파괴'할 것 같았으나 결국 흡수되어 버린 튜튼 민족의 하위 집단 중 하나일 뿐이었다. 프랑스인의 조상에 영향을 끼친 온갖 민족의 이주 역사에서, 프랑크족의 침입은 하나의 사소한 사건에 지나지 않는다. 구석기 시대의 프랑스 땅에는 남아시아와 북아프리카를 가로질러 스페인으로 건너와서 마침내 프랑스에 당도한 집단이 살고 있었다. 신석기 시대에는 여러 갈래의 지중해인과 초기 알프스인이 동쪽에서 넘어왔으며,

기원전 7세기에는 켈트족의 침략이 선주민 사이에 파장을 일으켰다. 기원전 1세기에는 덴마크에서 내려온 벨가이족과 킴브리족이 야만족 침공의 첨병을 맡았으며, 이후 로마 제국의 확장으로 한동안 멈추었다가, 기원후 5세기에는 반달족이 갈리아를 휩쓸고 비지고트족이 프랑스 남부에 강력한 왕국을 세웠다. 프랑크족은 이렇게 5세기에 로마가 '멸망'하고 난 후에야 프랑스 전역을 휩쓸 수 있었고, 뒤이어 아틸라가 이끄는 훈족이 갈리아로 몰아쳐 들어왔다.

이렇게 온갖 다른 특수화 지역에서 찾아온 온갖 다른 민족들 속에서, 현대 프랑스의 각 지역에는 국지적인 인종 유형이 발달하게 되었다. 심지어 도르도뉴 같은 남부 지방이나 피레네 산맥 지방의 신체 형질에서는 초기 구석기 시대 거주민의 흔적조차 발견할 수 있다. 지중해 해안에는 키가 작고, 피부가 어둡고, 폭이 좁은 두상을 가진 지중해인 하위 집단이 거주한다. 사부아와 브르타뉴의 산악지대와 중부 지방의 거주자는 주로 알프스인 계통이며, 중남부 프랑스 일부 지방에서는 극도로 폭이 넓은 두상이 관찰된다. 북쪽의 노르망디, 특히 세느강 하구에는 금발에 폭이 좁은 두상(북구인)의 빈도가 높다. 이중 프랑스 고유의 유형은 단 하나도 없으며, 특정 지역에서 한 가지 유형만 배타적으로 발견되지도 않는다. 프랑스에서 안정적인 인종으로 불릴 자격이 있는 집단은 론강의 외진 계곡에 오래 거주하며 근친교배를 해온 농부들뿐이다.

프랑스의 복잡한 인종사는 유럽에서 그리 특이한 것도 아니다. 어떤 관점에서는 독일보다 덜 극단적이라고도 할 수 있는데, 독일의 동부 지역에서는 폴란드 동부가 특수화 지역으로 여겨지는 슬라브인도 고려해야 하기 때문이다. 초기 몇 세기 동안 슬라브인은 현재의 독일 동부 전역에 살고 있었으며, 훗날 독일인 개척자들이 밀려 들어오면서 독일어 사용이 정착되었지만, 그래도 인구의 신체적 특성은 슬라브계에 가까웠다. '독일 동부는 여러 측면에서 러시아보다도 슬라브적이다.'*

유럽 또한 다른 대륙에 비해 이주와 인종 혼합의 역사가 유별나게 특수하다고는 할 수 없다. 아시아와 아프리카에서도 같은 일이 벌어졌다. 콜럼버스 이후의 아메리카와 유럽의 식민지에서 벌어진 일들이 극단적으로 보인다면, 그것은 우리가 인종 유형의 혼합을 역사로 배운 것이 아니라 우리의 눈으로 직접 목격했기 때문이다. 그러나 기본적으로는 모두 같은 오래된 이야기일 뿐이다. 구대륙에서 인류의 오락가락하는 여정을 30분짜리 현대 영화로 압축할 수 있다면, 우리 미국인들도 유럽의

---

* 레온 도미니안, 『유럽 언어와 국가의 최전선』, 1917. '프랑스 북부는 독일 남부보다 튜튼적일지 모르며, 반면 독일 동부는, 여러 측면에서, 러시아보다도 슬라브적이다.'

여러 국가에서 벌어진 인종 혼합을 펜실베이니아나 미네소타에서 목격한 사례처럼 인식할 수 있을 것이다. 오늘날 펜실베이니아의 더치(독일인)나 미네소타의 스웨덴인이 차츰 분리주의를 버리고 한때 이방인이었던 이들과 통혼을 시작한 것과 마찬가지로, 켈트인, 라틴인, 슬라브인, 북구인도 서로 뒤섞이게 되었다. 미국에서와 마찬가지로 여전히 특정 지역에는 금발이나 큰 코 같은 형질이 강하게 남아 있으므로, 유럽에도 특정한 유형의 밀도가 남아 있다고 말할 수 있을 것이다. 그러나 미국에서는 그런 과정이 워낙 공공연하게 일어났기 때문에, 우리는 캘리포니아의 두지수를 측정하여 오하이오의 두지수와 비교하거나, 일리노이의 피부색을 펜실베이니아의 피부색과 비교하는 일이 터무니없다는 것을 알고 있다. 우리는 그런 계측에 생물학적 의미를 부여하지 않는다. 독일의 '인종'과 프랑스의 '인종' 또한 마찬가지로 그 가정 자체가 터무니없으며, 생물학적으로도 아무런 의미가 없다.

미국에서와 마찬가지로 유럽에서도, 같은 지역을 공유하는 집단의 '혈통'은 섞이게 마련이다. 그리고 그 자손은 양쪽 형질을 모두 물려받는다. 과거에도 이런 과정 때문에 문명에 제동이 걸려 멈추는 일은 발생하지 않았다. 인류사에서 항상 벌어진 일이니만큼, 그 순기능과 폐해를 억지로 끼워 맞춘 논의에는 아무런 의미도 없다. 인류의 진보도 재앙도 이 때문이라고는 할 수 없는 것이다. 당연하지만 '혈통의 혼합'과는 명확한 연관이 없는 여러 역사적 이유로, 이주와 정복은 당대에 택하는 관점에 따라 좋거나 나쁜 결과를 불러오게 된다. 그 이상은 모두 논쟁을 위한 억지 주장에 지나지 않는다.

그런 면모를 명확히 드러내는 억지 주장 중에는 로마의 멸망을 설명하려는 시도가 있다. 로마인 본인들은 고결한 역사를 가진 대제국을 침식해 들어온 야만인들이 결국 모든 곳을 휩쓸고 수렁에 빠트렸다고 말했다. 멸망에 이르기까지 2세기 동안 자신들이 내보인 약점과 저지른 실수에 대해서는 전혀 분석하지 않았다. 파국은 모두 야만인 탓이라는 것이다. 이런 관점은 르네상스 시기에도 먹혀들었다. 고전 시대의 관점을 깊이 받아들인 르네상스인들은 반달족이 범한 고전 문명의 파괴가 유럽을 8세기 동안의 암흑기로 몰아넣었다는 설명을 추가했다. '반달리즘'은 모든 훌륭하고 고귀한 것을 고의로 파괴하는 행위를 가리키는 일반명사로 쓰이기 시작했다. 그러나 이런 튜튼 약탈자들의 혈통에 자부심이 생긴 후대 유럽인들은 다른 해석을 내놓았다. 튜튼족이 유럽을 '모든 추잡한 행위'에서 구원했다는 것이다. 활력을 잃은 인종을 세상에서 일소해 버린, 인간의 모습을 한 젊은 신이었다는 것이다. 그러나 이런 튜튼족 레이시즘의 대변인은, 로마의 멸망에서 오늘날 우리가 배울 점이 있다고 지적한다. 로마는 자신의 '혈통'을 야만인과 섞었기 때문에 멸망했다는 것이다. 혼혈을 막는 법을 제정했더라면 로마는 멸망을 피할 수 있었을지도 모른다. 따라서 튜튼족 인종차별주의자에게 로마의 멸망이란 인종 위생을 유지할 이유를 알려주는 도덕적 교훈인 셈이다.

역사는 다른 이야기를 들려준다. 4세기와 5세기의 로마가 역사의 발걸음을 막으려고 인종 위생을 강제하는 법을 제정했다 하더라도, 결국 밀물을 향해 멈추라고 명령한 카누트 대왕과 같은 꼴이 되었을 것이다. 황제들이 이런 법령을 제정했더라도 그것으로 로마가 겪은 행정 활력의 감소와 지도력 부재를 막을 수는 없었을 것이다. 로마를 약하게 만든 것은 국가 내부의 사정이었고, 튜튼족 약탈자들은 그 약점을 이용했을 뿐이었다. 몇 세기 전까지만 해도 튜튼족은 로마의 힘 앞에서 무력할 수밖에 없었다. 로마의 쇠락은 통찰력의 부재와 내부 다툼이 뒤얽힌 길고 복잡한 이야기였다. 그 결과 로마는 세계의 주인 자리에서 내려올 수밖에 없었다. 활력이 넘치던 시기의 로마는 온갖 이방 민족을 로마화시켰다. 인종 혼합은 로마의 쇠락기만이 아니라 전성기에도 꾸준히 일어났다. 로마의 멸망에 대한 인종차별주의자의 설명은 그저 사실을 우스꽝스럽게 뒤틀었을 뿐이다.

따라서 인종 위생 계획을 뒷받침하는 부풀려진 주장에는 역사적 증거 따위는 전혀 없다고 할 수 있다. 그런데도 대부분의 서구 국가의 애국자들은 동료 시민에게 열등한 혈통과 인종 혼합이 가져오는 해악에 대해 경고한다. 미국의 북구인들은 남유럽 인종과의 교잡을 통한 오염을 피해야 한다는 주장을 듣는다. 독일에서는 일본인이 아니라 유대인과 결혼해야 인종적 순수성을 잃게 된다고 말한다. 인도의 영국인들은 혼혈을 백인 우월주의에 대한 배반으로 여긴다. 독일과 인도에서 이런 혼혈의 악덕은 의문의 여지 없이 받아들여진다. 혼혈 결혼을 수행한 이들과 그 결합에서 얻은 자식들은 자신들이 놓인 불합리한 상황에 대해 충분히 증언해 줄 수 있을 것이다.

그러나 현대의 인종 혼합의 악덕을 설파하는 여러 주장으로는, 그런 혼혈이 생물학적으로 악하다고 증명할 수 없게 마련이다. 애초에 인류 역사에는 그런 혼혈 인종이 번성과 번영을 누린 사례가 즐비하다. 심지어 그런 혼혈이 피부색의 경계를 넘어설 때조차도 그렇다. 아랍인은 코카소이드계 인종이며, 언제나 원주민 사이에서 자유롭게 아내를 맞아들였다. 아랍인이 북아프리카로 퍼져나가며 흑백 혼혈 인종이 발생했고, 이들은 부와 번영을 자랑하는 위대한 왕국을 여럿 세웠다. 수단 서부에서는 16세기에 이런 왕국들이 모여 보르누 제국을 세우며 번영의 극에 달했다. 무슬림은 조상의 혈통을 중요하게 여긴 적이 없었으며, 아랍인의 후손과 하렘의 이방인의 후손 사이에는 불합리한 차별은 존재하지 않았다. 도리어 이런 혼혈아들 사이에서 위대한 지도자와 부유한 상인이 출현했고, 고도의 문화를 퍼트리는 데 크게 기여했다.

심지어 현대 세계의 일부 지역에서도 인종의 혼합은 나쁜 결과를 불러오지 않는다. 연구자들은 언제나 인종 분리 정책의 부재가 뚜렷하게 드러나는 하와이를 그 예시로 든다. 하와이에서 인종 혼합은 사회 통념에 어긋나는 일이 아니다. 온갖 인종의 결혼이 당당하게 교회에서 이루어진다. 이런 관계에서 태어난 자손에게도 차별은 전혀 없다. 능력이 있으면 높은 지위까지 올라갈 수 있다. 주지사의 연회장이나 대학 무도회에도 피부색에 따른 구분은 전혀 없다. 이런 제도는 하와이의 문화 발달에 전혀 악영향을 끼치지 않았다.[10]

따라서 세상 곳곳에서 혼혈인의 범용함을 보이는 증거를 마주할 때마다, 우리는 우선 그가 맞닥뜨리는 사회적 차별의 영향을 확인할 필요가 있다. 인종 정서가 강한 지역에서 유라시아 혼혈이나 유라프리카 혼혈은 부모 양쪽의 혈족 공동체에서 추방당한 존재가 된다. 모친에게는 거의 지원이 주어지지 않으며, 성장한 후에도 그와 같은 부류에게 배정되는 열등한 직업에 발이 묶인다. 모든 불리한 조건을 마주하게 되는 것이다. 이런 부류의 사회적 차별은 오늘날 전 세계에서 흔히 찾아볼 수 있으며, 가장 객관적인 관찰자라면 우월한 '인종' 또한 비슷한 조건에 놓인다면 별다른 성과를 보이지 못할 것이라고 솔직히 인정할 것이다. 물론 궁핍한 환경에서 태어나 이방인으로 성장했으나 높은 지위까지 오른 백인이 있는 것은 사실이다. 그러나 혼혈인 중에도 그런 이들은 존재한다.

대부분의 세계에서 혼혈인이 낮은 지위를 차지하는 현상에 대한 사회학적이 아니라 생물학적인 해석은 주로 인체 측정학에서 유래한 것이다. 미국 원주민-백인 혼혈 연구에서는 '잡종 강세' 현상이 관찰되었는데, 이는 혼혈이 양쪽 부모 인종보다 체구가 크다는 것을 의미한다. 혼혈이 생식력이 강하다는 증거 또한 반복적으로 관찰된다. 그 유명한 핏케언섬의 정착 초기에, 영국인-타히티인 혼혈 자손들은 지금까지 기록된 중에서 최고 수치의 인구 증가율을 보였다. 아무래도 자연은 혼혈인이 생리학적으로 열등하다는 선고를 내리지는 않은 모양이다.

훌륭한 인간 품종을 만들어내려면, 우선 양쪽 부모의 신체 및 정신 능력이 우수해야 한다. 지금까지 고안된 그 어떤 측정 방식을 사용해도, 온 세상의 인간 중에서 이런 기준에 부합하는 개인을 선별하면 모든 인종이 포함될 수밖에 없다. 인류 품종의 개량이란 인종 분리로는 달성할 수 없는 목표다. '훌륭한' 조상 혈통이라는 표현은 현대 세계에서 인종주의적 함의를 지니게 되었으며, 그런 혈통에는 건강 또는 정신 능력의 기준에 상당히 미치지 못하는 개인이 종종 등장한다. 물론 우리 모두 알고 있듯이, 그 자손 중에는 그런 불리한 조건을 딛고 성공하는 경우도 종종 있다. 그러나 그런 불리한 조건은 사회적 조건과는 무관하게 별도로 고려할 필요가 있다. 반면 건강하고 유능한 조상을 둔 혼혈인은 그런 부류의 자연이 내린 장애를 겪지 않는다. 줄리언 헉슬리는 이렇게 말한다. '만약 그들이 주장하는 혼혈인의 열등성이 실제로 존재한다면, 그것은 혼혈의 악영향이라기보다는 혼혈인이 성장하는 사회의 불리한 분위기 때문일 가능성이 매우 크다. 혼혈인 사이에서 생물학적인 악영향이 발견되는 경우는 매우 드물다.'[11]

지구상에서 벌어지는 인구 이동은 필연적으로 인종 혼합을 야기할 수밖에 없으며, 역사시대 이전부터 그런 일은 끊임없이 벌어져 왔다. 그런 행위에 악덕이 내재되어 있다는 증거를 발견한 사람은 아무도 없다. 인종 혼합은 때로는 사회에 이득을 불러왔고, 때로는 전체 사회의 건전성을 위협하는 곪아터진 상처가 되었다. 물론 사회적으로 악덕으로 간주되는 경우는 충분히 존재하며, 그런 곳에서는 분별 있는 사람은 혼혈을 피하고 자식들이 그런 결합을 이룬다면 슬픔에 빠질 것이다. 우리는 이 세상의 모습을 똑바로 직시해야 한다. 다만 인종 혼합의 악덕이란 불변하는 자연의 법칙에 따르자면 아무런 근거도 없는 것이 사실이다. 레이시즘의 교리에는 의문점이 상당히 많지만, 그 교리는 오늘날 온 세상의 혼혈인에게 힘들고 괴로운 삶을 선사하고 있다.

사람들의 주장

> 그렇게 온갖 부류의 인간이 섞이며
> 무시무시한 혼성의 존재, 영국인이 탄생했더라.
>
> 대니얼 디포, 『순수한 영국인*The True-Born Englishman*』

기록에 남은 모든 문명 집단은 혼성 집단이었다. 혼성 민족이 순혈 민족보다 열등하다는 이론은 이 사실만으로 충분히 반박할 수 있을 것이다.

> 랄프 린튼, 『인류 연구*The Study of Man*』

인종적 거부감이라는 특정한 보편적 본능이 존재할 것이라고 간주할 이유는 그 어디에도 없다. 반면 그런 본능이 존재하지 않는다는 쪽으로는 강력한 증거가 존재한다. 인종적 적의에 대한 적절한 설명은, 인종과 무관한 충동과 동기에서 찾을 수 있다.

그러나 이런 충동과 동기는 그 근원이 인종에 있지 않음에도, 마음속으로 다른 인종에 대해 품은 생각과 연관지어지며 인종적인 것으로 변할 수 있다. 일단 이런 식으로 연관이 발생하고 나면, 해당 인종과 접촉할 때마다 그런 감정이 일어나는 것이 가능해지며, 본능적 거부감과 같은 정도로 강렬하게 작동하게 된다.

J. H. 올덤,[*]

『그리스도교와 인종 문제*Christianity and the Race Problem*』

인종차별주의자의 주장:

다음 논변은 국가사회주의자(즉, 독일의 제3제국)의 인종주의적 관점을 명확히 보여준다: 지구상의 모든 인종은 조물주의 정신 속에 존재하는 각각의 원형의 표현이다. 이는 신앙의 문제이며 따라서 우리는 모든 혈통을 명확하게 구분해 내야 한다. 그래야만 잡종 때문에 신의 생각이 흐트러지고 희화화되는 일을 막을 수 있기 때문이다.

W. 그로스,[**] 『외국에 보내는 인종정치학 서신*Racio-Political Foreign Correspondence*』에서 발췌

---

[*] Joseph Houldsworth Oldham(1874-1969). 인도에 파견된 스코틀랜드 선교사. 에큐메니즘 운동가로 활동하며 전후 복구 사업에 참여했다.

[**] Walter Groß(1904-1945). 독일의 의사, 정치가. 나치당 인종정책국의 창설자로 전쟁 말기에 자살로 생을 마감했다.

그에 반하는 생물학자의 주장:

현재의 인간 사회에 만족하는 사회학자라면 인종 교잡을 비난하고 매도할 이유가 있을지도 모른다. 그러나 그런 주장은 사회학의 견지에만 머물러야 한다. 혼혈인종이 생물학적인 부적합성으로 인해 스스로 사라지기를 원한다면, 그 기다림은 헛될 수밖에 없을 것이다.

윌리엄 어니스트 캐슬,[*] '인종 교잡의 생물학적 및 사회적 결과',
『미국 형질인류학 학술지』, vol. IX

어느 브라질인 정치가의 주장:

남아메리카에서 우리는 몇 세기에 걸친 경험을 통해 인종 간의 진정한 이해란 존재할 수 없음을 깨달았다. 방법은 단 하나, 모든 인종이 융화되는 것뿐이다.

Dr. 올리베이라 리마,[**] 세드릭 도버의 『혼혈인*Half-Caste*』에서 인용.

---

[*] William Ernest Castle(1867-1962). 미국의 유전학자. 초파리 연구를 통해 훗날 T. H. 모건의 발견을 뒷받침하는 등 초기 유전학 발전에 기여했다.

[**] 원문에는 Oliviera이나, Manuel de Oliveira Lima(1867-1928)의 오기로 보인다. 브라질의 언론인, 외교관, 문필가. 세계 각국에서 브라질을 대표하는 외교관으로 활동했으며, 수집한 방대한 장서를 기증하여 워싱턴 D.C.에 올리베이라 리마 도서관을 남겼다.

5장 유전 형질이란 무엇인가?

유전이란 부모에서 자손으로 형질이 전해지는 현상을 가리킨다. '정통 미국인'의 유전 형질 또한, 다른 앵글로-색슨과 마찬가지로 생물학적 조상으로부터 전해지는 것이다. 양쪽의 조상은 유사성을 가지고 있었겠지만, 동시에 상당히 많은 부분이 달랐다. 같은 사람이 아닌 이상 유전으로 획득한 형질 또한 다를 수밖에 없다. '아리안', 앵글로-색슨, 유대인 등의 유전 형질에 대해 논하는 것은 생물학적으로는 아무런 의미도 없다. 실제로 개인의 조상이 아니었던 수많은 사람을 한데 뭉뚱그릴 뿐만 아니라, 실제 조상들의 다양한 유형 또한 무시하기 때문이다. 인류가 야생동물이 종 단위에서 나뉘는 것처럼 교차 생식이 불가능한 여러 종의 집합이었다면, 이렇게 한데 뭉뚱그리는 행위는 심각한 오류일 것이다. 붉은사슴의 가계도에는 엘크였던 조상이 존재하지 않으며, 모두가 붉은사슴이었던 것이 당연하다. 그러나 지금까지 살펴본 대로, 인류는 이런 식으로 여러 생물학적 종 단위로 나뉘지 않는다. 분화된 인간 유형은 서로 교잡과 재교잡이 가능하며, 특정 개인에게 영향을 끼치는 조상은 오로지 그 직계 조상뿐이다. 이런 의미에서 유전 형질이란 매우 명확한 생물학 법칙을 따른다. 그중 많은 수는 이미 알려져 있지만, 서구 문명에서는 실제로 일어나는 가계 유전이 아니라 인종 유전이라는 신화가 등장해서, 인종 단위의 유전이라는 터무니없는 주장을 내세운다. 인종이란 유전학자가 정의하는 것조차도 추상적 개념에 불과하다. 형질인류학자가 정의하는 경우에는 더욱 추상적이 된다. 성교와 번식의 주체는 인종이 아니라 개인이다.

부모에서 자식으로 전달되는 형질을 탐구하는 학문을 유전학이라고 부른다. 그 시초는 1859년 출판된 다윈의 『종의 기원』까지 거슬러 올라가지만, 현대 유전학의 기반을 마련한 것은 멘델의 완두콩 연구다. 그의 연구는 『종의 기원』의 출간으로부터 얼마 지나지 않아 수행되었으나 1900년까지 제대로 알려지지 않았다. 멘델이 관찰한 결과는 여러 측면에서 다윈주의 진화론자들의 예측과 어긋났다. 이들 초기 진화론자들은 유전된 형질이 균질하게 섞여 발현될 것이라 생각했다. 어머니와 아버지의 형질이 잉크와 물이 흘러들듯 섞여서, 자손 대에서는 균일한 농도의 잉크 탄 물이 생겨나기를 원한 셈이다. 그러나 이는 지나치게 단순한 가정이었다. 양성생식이란 멘델이 관찰한 것처럼 훨씬 복잡한 과정이다. 자손은 아버지와 어머니로부터 일련의 다양한 특성을 물려받게 되며, 이런 과정은 단순한 잉크와 물이 아니라 모든 개인에게 새로 할당되는 구슬 무더기처럼 생각해야 한다. 많은 특성은 이런 할당 과정에서 특정한 통계학적 규칙을 따른다. 멘델의 완두콩 연구는 그 과정을 자세하게 추적했다.

멘델은 여러 세대의 완두콩에서 줄기의 길고 짧음, 완두의 황색 또는 녹색과 같은 특정 형질에만 관심을 집중했다. 즉 양자택일로 확인할 수 있는 한 가지 특성에만 집중한 것이다. 줄기가 긴 완두와 짧은 완두를 교접시켰더니 모두 줄기가 긴 완두만 나왔다. 다음으로 그 세대의 완두끼리만 교차수정시켰더니 상황이 바뀌었다. 3/4은 긴 완두가 나왔지만 1/4은 짧은 완두만 나왔고, 이 작은 완두들은 조상대에서 큰 완두와 교접한 적이 없다는 듯이 다음 세대에서도 짧은 완두만 나왔던 것이다. 오랜 실험의 결과 줄기의 길이, 완두콩의 황색과 녹색, 주름과 매끈함 등의 형질은 자손 세대에서 새로 할당되는 과정에서도 그 본질을 유지했다. 생물학적 용어로 설명하자면, 각각의 형질은 '대립 형질', 즉 한 가지 특성에 대한 상충되는 형질인 것이다. 이런 대립 형질에는 대부분의 경우 우성인 형질이 존재한다. 우성과 열성이 함께 다음 세대로 전달되더라도, 열성인 형질은 발현되지 않아서 관찰할 수 없다. 최초의 부계 쪽 완두콩이 우성인 긴 줄기 형질(또는 유전자) 한 쌍(TT)을 가지고 있고 최초의 모계 쪽 완두콩이 열성인 짧은 줄기 형질 한 쌍(dd)을 가지고 있다고 가정해 보자. 여기서는 긴 줄기 형질이 우성이므로, 첫 자손 세대(F^1)는 모두 긴 줄기를 가지게 된다. 모든 후손들이 긴 줄기 유전자 하나와 짧은 줄기 유전자 하나(Td)를 가지게 되기 때문이다. 여기서 짧은 줄기 형질은 발현되지 않는다. 교차수정을 거친 두 번째 세대(F^2)는 양쪽 부모로부터 Td 유전자를 물려받으며, 이 경우에는 두 개의 큰 유전자와 두 개의 작은 유전자로 모든 가능한 조합을 만들 때처럼 TT, Td, dT, dd가 같은 비율로 존재하게 된다.

T가 우성이기 때문에, 앞쪽의 세 집단은 모두 TT와 같은 형질을 발현한다. 이 때문에 F^2 세대의 멘델의 완두콩은 1/4은 짧은 줄기, 3/4은 긴 줄기의 형질을 발현하게 된다.

멘델의 유전 법칙이 중요한 이유는, 새로운 형질의 조합을 만들어내는 유성생식의 역할을 이해하는 근간이 되기 때문이다. 멘델은 이어 양쪽 부모에서 하나가 아니라 두 가지 대립 형질이 다를 경우에는 어떤 일이 벌어지는지를 살펴보고자 했다. 그는 줄기가 길고(T) 황색인(Y) 완두와 줄기가 짧고(d) 녹색인(g) 완두를 교배시켰다. 긴 줄기가 짧은 줄기에 대해 우성인

표 1

		부모 세대, F¹			
		긴 줄기		짧은 줄기	
부모 세대, F¹	긴 줄기	F²: 긴 긴		F²: 짧은 긴	
	짧은 줄기	F²: 긴 짧은		F²: 짧은 짧은	

것과 마찬가지로, 황색은 녹색에 대해 우성이다. 그는 이 실험에서 짧은 줄기가 녹색과, 긴 줄기가 황색과 함께 움직이는지를 확인하고자 했다. 그러나 그는 F^2 세대에서 후손의 형질 분포가 부모 세대의 원래 '유형'과는 관계없이 이루어진다는 것을 발견했다. 각각의 형질은 서로 다른 구슬을 조합할 때처럼 다른 형질과는 무관하게 분포했다. 두 가지 대립 형질이 관여했기 때문에, F^2 세대의 형질 분포는 한 가지 대립 형질이 있을 때처럼 4가지가 아니라 16가지로 갈라졌다.

두 번째 세대에서는 모든 가능한 조합이 발생한다. 길고 노란색인 조합이 9가지, 길고 녹색인 조합이 3가지, 짧고 노란색인 조합이 3가지, 짧고 녹색인 조합이 1가지다. 원래의 부모 중 하나가 길고 노란색, 다른 쪽이 짧고 녹색이었더라도, F^2 세대에서는 6/16의 후손이 원래 부모와는 완전히 다른 형질의 조합을 가지게 된다. 즉 긴 녹색이 3/16, 짧은 노란색이 3/16만큼 발현되는 것이다.

새로운 형질 조합이 일어나는 생물학적 원리는 대립 형질의 '독립 분리의 법칙'이라고 부른다. 인간의 유전에서 많은 부분은 아직 밝혀지지 않았지만, 대립 형질의 경우에는 인간의 유전에서도 이 원리를 명확히 찾아볼 수 있다. 장두형과 금발은 북구인의 특성으로 간주되고 단두형과 거무스레한 피부는 알프스인의 특성으로 간주되어 왔지만, 금발과 장두형, 단두형과 거무스레한 피부를 분리할 수 있는 원리는 이제 수수께끼의 영역에서 벗어났다. 예를 들어, 유럽의 신체적 형질을 지도로 옮기면 결국 모든 조상의 다양한 유형을 서로 섞어 놓은 형태가 나올 것이다. 부모 유형에서 서로 다른 특성이 많이 존재할수록, 이후 여러 세대에서는 더욱 다양한 조합이 존재할 수밖에 없다. 만약 인간에서 서로 독립적인 특성 열 가지를 분리해 낼 수 있고, 부모 세대에서 그 열 가지 특성이 모두 다르다면, 모두 1022가지의 조합이 가능해진다. (2^{10} = 1024, 여기서 부모의 형질을 제외하면 1022가지가 된다) 따라서 인간의 생식세포는 기존의 유전 형질에서 무한한 변종을 만들어낼 수 있으며, 지구상의 모든 지역에서 그런 역할을 수행해 왔다.

따라서 현대 유전학을 염두에 두면 순혈 인종이라는 문제를 새로운 관점에서 바라볼 수 있다. 형질인류학자들은 아직도 종종 원초의 인간 유형에 해당하는 형질을 판별하는 일이 가장 시급한 문제라고 주장하곤 한다. 즉, 북구인을 식별하려면 장

표 2

	부모 세대, F¹			
	긴 황색	긴 녹색	짧은 황색	짧은 녹색
긴 황색	F^2 { 긴 황색 / 긴 황색	F^2 { 긴 녹색 / 긴 황색	F^2 { 짧은 황색 / 긴 황색	F^2 { 짧은 녹색 / 긴 황색
긴 녹색	F^2 { 긴 황색 / 긴 녹색	F^2 { 긴 녹색 / 긴 녹색	F^2 { 짧은 황색 / 긴 녹색	F^2 { 짧은 녹색 / 긴 녹색
짧은 황색	F^2 { 긴 황색 / 짧은 황색	F^2 { 긴 녹색 / 짧은 황색	F^2 { 짧은 황색 / 짧은 황색	F^2 { 짧은 녹색 / 짧은 황색
짧은 녹색	F^2 { 긴 황색 / 짧은 녹색	F^2 { 긴 녹색 / 짧은 녹색	F^2 { 짧은 황색 / 짧은 녹색	F^2 { 짧은 녹색 / 짧은 녹색

(부모 세대, F¹ — 왼쪽 세로 항목)

두형 두개골과 금발을 한데 묶어야 한다는 식이다. 그러다 어떤 연구자가 장두형인데 거무스레한 피부를 가진 유형을 논하며 피부색 때문에 북구인과 연관이 있다는 점을 부정하면, 다른 연구자는 두지수를 근거로 들며 연관이 있다는 점을 '증명'하려 든다. 그리고 논란은 격해져만 간다. 그러나 유전 원리에 의하면 양쪽 형질 모두 연관이 있다. 유전의 법칙은 조상을 그대로 복제한 것이 아닌 후손 유형을 끊임없이 만들어낸다. 한 연구자가 기본 '유형'으로 식별한 일련의 특성 묶음은, 실제로 유전적으로 중요한 것이 아니라 단순한 자료의 나열에 지나지 않는다.

유전 법칙은 인종에 대한 지식을 수립할 때도 중요한 역할을 한다. 순혈 인종과 혼혈 인종을 식별하는 유일한 과학적인 방법의 기반을 제공하기 때문이다. 멘델의 법칙은 인종간 혼혈 연구의 완전히 다른 방법론을 제공한다. 우리가 앞서 살펴본 것처럼, 부계와 모계가 다른 신체적 유형에 속한다면, 자손 세대의 형질 분배는 결과적으로 양쪽 모두와 다르게 마련이다. 반면 부모의 신체적 유형이 일치한다면 자손 또한 동일한 형질을 지닐 것이다. 그 어떤 인간 집단에서도 후자의 경우는 관찰할 수 없었다. 즉, 한 가족의 형제자매 사이에서 명확한 차이점을 찾아볼 수 없는 상황은 발생하지 않는다는 것이다. 따라서 고립된 공동체를 포함한 모든 인류는 복수의 조상 유형을 가지며, 자손 중 일부는 한쪽 조상 유형에, 다른 일부는 다른 쪽 조상 유형에 가까워진다고 생각할 수 있는 것이다. 모든 구성원이 같은 형질을 지닌다는 의미에서의 인종의 순혈성은 지금껏 알려진 바가 없다. 수 세기 동안 고립되어 온 아북극 지대의 에스키모의 경우라면 백인과 접촉하기 전에는 존재했을 가능성도 있을 것이다. 어떤 인류 집단에서든, 인종의 순혈성이란 같은 부모를 가진 형제자매들이 다른 모든 형제자매와 같은 유전 형질을 가져야만 존재할 수 있다. 유전 법칙에 따르면 형제자매 사이에도 유전자 조합이 달라질 수 있으므로, 여러 세대에 걸쳐 꾸준히 근친교배가 이루어진 후에야 형제자매들이 같은 형질을 가지는 상황이 발생한다. 테네시 계곡의 산악지대에 사는 백인들이나, 초기 백인 이주자와 호텐토트 여성 사이에서 발생한 집단인 남아프리카의 바스타아드나, 네덜란드인 부계와 말레이인 모계 사이에서 태어난 말레이 군도의 키사르 섬 집단 등에서, 집단 내 형제자매는 유전적으로 유사성을 지닌다. 남아프리카와 키사르의 형제자매는 산악지대 백인의 경우보다 다양성이 큰 편인데, 이것은 구성 요소가 되는 혈통이 보다 다양하기 때문이다. 그러나 그들 또한 근친교배를 통해 높은 수준의 인종적 균질성을 획득했다. 만약 형질인류학자가 이들 공동체에서 한 개인의 수치를 측정하면, 나머지 형제자매의 수치 또한 거의 정확하게 추측할 수 있을 것이다. 한 개인이 형제자매 집단의 대표로서 훌륭하게 기능하는 셈이다.

이런 시도는 단일 인종이 어느 정도 수준까지 이를 수 있는지를 알려주는 지표가 될 수 있다. 물론 전혀 연관이 없는 여러 가계가 한데 모여 살아가는 유럽의 대도시권에서는 이런 수준에 이를 수 없으며, 따라서 한 개인의 신체 수치가 형제자매 집단의 대표로서 기능할 수도 없다. 그러나 이런 식으로 측정한 균질한 집단이야말로 인간이라는 종에서 유일하게 의미를 가질 수 있는 '순혈 인종'인 것이다. 인체 측정학으로 순혈 인종을 찾아볼 수 없는 유럽 국가들에서 그런 '순혈'의 우월성을 주장한다는 점은 역설적이라 아니할 수 없다.

근래의 유전학은 혈통의 이해에 다른 중요한 공헌을 추가했다. 돌연변이에 의해 새로운 형질이 탄생할 수 있음을 보인 것이다. 초파리나 소의 경우에, 조상의 유전자 풀과는 아무런 연관이 없는 특성을 가진 개체가 태어나고, 그 특성을 자식과 그 후손에게까지 전달하는 경우가 종종 관찰된다. 오랫동안 미국과 캐나다에서 가장 인기 있는 방목용 소 품종은 해리퍼드였다. 1889년에 캔자스의 어느 농장에서 뿔 없는 송아지가 탄생하자, 목축업자들은 뿔 없는 방목용 소의 이점을 즉각 알아차렸다. 이 캔자스 송아지는 현대 존재하는 모든 '뿔 없는' 해리퍼드 품종의 조상이 되었다. 오늘날 돌연변이의 존재 자체는 의심할 여지가 없으며, 돌연변이가 일어날 확률이 특정 환경 조건에 따라 상당히 증가할 수 있다는 사실도 잘 알려져 있다. 예를 들어, 높은 고도에서 방사선에 노출되거나 실험실에서 X선에 노출되는 경우에는 돌연변이가 출현할 확률이 증가한다.

과거의 진화론자들은 새로운 특성이 등장하는 방법을 상당히 다른 이론으로 설명하려 했다. 다윈이 막 태어났을 즈음, 라마르크는 획득 형질의 유전을 통해 새로운 형질을 얻을 수 있다고 주장했다. 기린이 목을 계속 높이 뻗다 보면 목이 길어지게 되며, 매 세대가 지날 때마다 이런 획득 형질이 유전되어 지금의 긴 목을 가지게 되었다는 것이다. 또는 동굴에 사는 어류가 시각을 사용하지 않아서 차츰 잃어버리면서, 눈먼 형질을 자손에게 전달했다는 것이다. 따라서 인간 종족에서도 부모가 획득한 형질은 자손에게 전달된다는 믿음이 존재했다.

현대 유전학은 꾸준한 실험을 반복하여 이런 관점이 잘못된 것이라는 사실을 입증했으나, 다윈과 그 동시대인들은 제대로 반론을 제기할 수 없었다. 획득 형질의 유전은 일어나지 않는다. 새로운 형질은 돌연변이로 만들어지는 것이며, 돌연변이는 가장 밀접한 근친교배만 일어나는 집단에서도 발생할 수 있다. 이런 돌연변이는 어디까지나 아무런 계획 없이 일어나며, 그 소유자에게 장점으로 작용할 가능성을 가지는 경우는 극소수에 지나지 않는다. 따라서 여러 인종의 특징으로 여겨지는 특성은 ― 예를 들면, 푸른 눈이라거나 ― 돌연변이로 발생해서 인류 역사 초기의 정착지였던 '특수화 지역' 내의 근친교배를 통해 집단 전체의 특성으로 자리 잡았을 수도 있다. 그러나 우리 선조의 '업적'이 유전으로 후손에게 전달된다는 생각은 전혀 신빙성이 없다. 유전 법칙은 문명의 영광에 아무런 관심이 없다. 과학이든 기술이든 예술이든 전부 마찬가지다. 이런 특성은 그 어떤 집단으로도 이어질 수 있다. 본성이 아니라, 양육에 의해서.

생물학자의 주장:

생물학자라는 직업을 택한 사람의 명예를 걸고 말하건대, 나는
인간 공동체의 신체 특성이 문화적 역량에 끼치는 모든 존재하는
영향이 우표 한 장의 뒷면에 전부 적어넣을 수 있을 정도밖에 안
된다고 생각한다.

> 랜슬롯 호그벤, '편견에 대한 서문', 세드릭 도버의 『혼혈인』에서

진정으로 중요한 특성에 있어서는, 인종 사이의 선천적 차이점
이란 개인 사이의 선천적 차이점에 비교하면 아무 의미도 없을 정
도로 사소할 뿐이다. 심지어 유전자 개량이라는 지엄한 과학 이론
조차도 도저히 전자를 개량 과정에 끼워넣을 수 없을 정도다.

> H. J. 멀러,* 『어둠의 세상을 벗어나며: 생물학자가 본 미래
> *Out of the NIght: A Biologist's View of the Future*』

---

* Hermann Joseph Muller(1890~1967). 미국의 유전학자, 교육자. 방사
  선의 생리학적, 유전적 효과에 대한 연구로 노벨상을 수상했다.

유전 형질의 차이가 지능의 차이에 어떤 영향을 미치는지도 제대로 알지 못하며, 환경이 지능에 모종의 영향을 끼친다는 사실을 배제할 수 없다는 점을 고려하면, 지능 수준의 상승을 위하여 환경과 유전적 방식 중 어느 쪽에 우선권을 주어야 할지는 자명하다 할 수 있다.

C. H. 워딩턴,[*]

『현대 유전학 개론*An Introduction to Modern Genetics*』

---

[*] Conrad Hal Waddington(1905-1975). 영국의 발생생물학자, 고생물학자, 유전학자. 시스템생물학과 후생유전학의 기반을 닦은 인물로 평가된다.

6장 누가 우월한가?

인종에 관한 과학적 연구는 많은 것을 알려주지만, 이는 특정 인종의 우월함 또는 열등함과는 아무런 연관도 없다. 인류 초기의 역사나 민족 이동의 기록되지 않거나 소실된 사실을 알 수는 있다. 두 부류의 인종이 섞였을 때 어떤 형질의 조합이 일어나는지를 알려주기도 한다. 국가를 구성하는 집단과 생물학적 유형(인종)을 구성하는 집단의 차이를 알려주기도 한다. 인종에 관한 과학적 연구는 인류학의 극초기부터 필수 불가결한 요소였다. 골격을 비롯한 여러 신체적 특성에 기록되어 있는 인류 역사를 읽어내 주기 때문이다. 이런 연구를 통해 인류학자들은 인종이 우월성이나 열등성과 전혀 연관이 없다는 사실을 발견했다. 1859년에 이미 이 문제를 탐구한 위대한 인류학의 선구자 테오도르 바이츠부터, 가장 최근 연구를 발표한

프란츠 보아스에 이르기까지, 여러 인류학자는 그런 방향의 인종 연구가 부정적인 증거만을 제공한다는 주장을 되풀이해 왔다.

그러나 인류의 모든 문제 가운데에서도, 우월성과 열등성의 판가름이란 인류의 본성에 가장 가까운 질문이라 할 수 있다. 인간이란 언제나 무지한 야만인이 그렇듯이 자신이 당면한 문제를 그저 자신에게 소중한 것이 아니라 우주에서 가장 중요한 것으로, 즉 '우월한' 것으로 여기는 경향이 있기 때문이다. 어떤 정보가 손에 쥐어지더라도, 인간은 그 안에서 자신의 믿음을 증명할 내용을 끌어내려 애쓴다. 따라서 이런 관점에서 인종에 대한 새로운 사실을 끊임없이 탐구하려 드는 것은 피할 수 없는 일이라 해야 할 것이다. 물론 이런 일은 인종에만 일어난 것은 아니다. 종교 또한 비슷하게 분류되고 절대 선고를 받은 바 있다. 계급 차이와 성별 차이도 마찬가지였고, 어느 대공국과 그 이웃 사이에도, 어느 국가와 그 이웃 국가 사이에도 존재했다. 심지어 인종 구성이 동일한 경우에도 말이다. 19세기 중엽에 인종에 대한 지식이 확장된 이래로, 연구자들은 특정 인종 집단이 다른 인종 집단보다 선천적으로 우월 또는 열등하다고 판단할 과학적 근거를 찾으려 시도해 왔다. 이런 연구는 크게 세 분야에 걸쳐 이루어졌다. 생리학, 심리학, 역사학이다.

생리학적 연구

초기의 진화론자들은 인류의 육체적 진화가 인간 전 단계의 생물에서 시작하여 백인에 이르기까지 일직선으로 이루어졌다고 믿었다. 이들은 진화의 과정을 사다리로 생각하고, 특정 사다리 단이 유인원에서 개선된 부분을 의미한다고 여겼다. 유인원은 넓고 납작한 코를 가지며, 부시먼, 니그로이드, 오스트레일리아 원주민도 마찬가지다. 유럽인은 좁고 곧게 선 코를 가진다. 따라서 코의 모양이 뚜렷해지고 사지의 길이가 짧아지는 현상은 진화의 결과이며 백인종의 특성인 것이다.

최근 50년 동안 유인원과 인간의 해부학적 형태에 관한 여러 연구가 이루어진 결과, 초기 진화론자들이 생각하던 인간 육체의 일직선 계통 진화는 잘못되었다는 사실이 밝혀졌다. 유인원에서도 여러 인종 사이에서도, 일직선 계통 진화로는 설명할 수 없는 특수한 진화가 국지적으로 이루어졌기 때문이다. 유인원과 인간의 가장 큰 차이는 털가죽과 맨피부라 할 수 있다. 가장 체모가 적은 인종은 몽골로이드다. 백인은 오스트레일리아 원주민과 기타 인종의 몇몇 부족과 더불어 가장 체모가 많은 축에 들어간다. 유인원은 얇은 입술을 가지고 있는데, 그에 대비되는 가장 '인간적인' 형태는 니그로이드의 두툼한 입술이다. 백인의 입술은 그보다 훨씬 '원시적인' 형태다. 체모의 경우에도 입술의 경우에도, 백인을 조상에서 가장 멀리 떨어진 가지 끝에 속한다고는 말할 수 없다. 어떤 인종도 진화의 최종 산출물을 독점하지 못하며, 단순히 백인이 소유하고 있다는 이유만으로 특정 특성이 우월성을 담보한다고 주장할 수도 없다.

초기 진화론자들의 가장 주요한 주장은 뇌 용적의 증가가 우월성을 담보해 준다는 것이었다. 유인원은 뒤로 처지는 이마와 작은 뇌를 가지고 있다. 인간은 앞으로 튀어나온 이마와 큰 뇌를 가지고 있다. 따라서 인종의 평균 뇌 크기를 측정하면 진화의 사다리 위에서 인종의 위치를 가늠할 수 있다는 것이다. 뇌의 무게와 전체 체중의 비율의 평균값은 니그로이드가 몽골로이드보다 작았고, 몽골로이드는 백인보다 작았다. 물론 평균값의 차이일 뿐이었으며, 심지어 그조차도 겹치는 영역이 너무 커서 특정 개인의 뇌는 세 가지 주요 인종의 어디에도 속할 수 있을 정도였다. 게다가 차이의 절대값이 컸던 것도 아니다. 피그미를 제외한 인종별 두뇌 크기 차이는 인간과 유인원의 차이에 비하면 아주 작은 수치에 불과하다. 불*은 유인원 뇌의 최대 용적을 621cc로 제시한다. 그에 비해 니그로이드는 1477cc

---

* Pierre-Marcellin Boule(1861-1942). 프랑스의 고생물학자, 지질학자, 인류학자. 여러 신생대 포유류를 기술하고 고인류학자로서 라샤펠오생의 네안데르탈인 골격을 연구하기도 했다.

고, 파리 시민은 1550cc다.[12] 반면 피어슨*의 유럽 남성에 대한 연구 결과는 그 평균값을 1490cc로 제시한다.[13] 불이 니그로이드의 경우에 제시한 수치와 거의 동일하다. 반면 피어슨은 니그로이드 남성의 평균 수치를 1350cc로 제시한다. 따라서 인류의 수치는 한데 모여 있으며, 그 선조격 유형들과는 멀리 떨어져 있음을 확인할 수 있다. 뇌 용적에서 명확하게 중간 위치라 할 수 있는 이들은 피그미를 비롯한 매우 호리호리한 체격을 가진 부족뿐인데, 이 경우 뇌 용적은 그저 체구가 작은 집단이라 작은 수치를 가지는 여러 신체적 특성 중 하나에 지나지 않는다. 별도의 증거 없이 체구가 작은 이들이 선천적인 정신적 결함을 지닌다는 결론을 내릴 수는 없을 것이다.

비슷한 체구를 지닌 모든 인종 사이에서, 각각의 뇌 용적은 극도로 특수한 경우를 제외하면 전부 겹치는 범위에 위치하며, 뇌 용적 수치만으로 특정 개인이 속하는 인종을 판별해 내는 것은 불가능하다. 개인별 뇌 용적의 차이는 상당히 큰 편이며, 인종별 평균의 차이는 매우 작은 편이다. 피그미와 준 피그미 집단을 제외하면, 전 세계에서 뇌 용적이 상위 25퍼센트에 들

---

* Karl Pearson(1857-1936). 영국의 통계학자, 생물통계학자. 생물통계학과 기상학에 큰 기여를 했다. 사회적 다윈주의, 우생학, 과학적 레이시즘의 열렬한 지지자였으며, 프랜시스 갈턴의 전기를 쓰기도 했다.

어가는 개인을 선별할 경우 모든 인종이 그 안에 포함될 것이다. 정말로 뇌 용적의 중요성을 믿는다면 인종을 막론하고 뇌가 큰 모든 개인의 우월성을 주장하는 편이 보다 현실적일 것이다.

그러나 뇌 용적에 기반하여 개인의 우월성을 주장하는 것조차도 오류일 뿐이다. 매우 저명한 유럽인이 비정상적으로 작은 뇌를 가지는 경우가 여럿 있었기 때문이다. 단순한 크기보다는 뇌가 작동하는 방식이 훨씬 중요하다. 뇌의 활동이 실제 기관에서 이루어지는 것이 사실이기는 하지만, 그 전체의 크기보다는 뇌의 표면적이 더 중요해 보인다. 그리고 표면적은 뇌의 주름이 많을수록 늘어나게 된다. 뇌의 단면을 현미경으로 관찰한 해부학자는 수없이 많지만, 아무리 정밀한 현미경을 사용해도 그 뇌가 어느 인종의 것인지 판별할 수 있는 해부학자는 존재하지 않는다.

뇌라는 기관의 차이만으로 우월성과 열등성을 가늠할 수는 없다. 비슷한 체격의 종족 사이에서 명확한 차이점을 찾을 수 없는 이상, 진정한 문제는 다른 인간의 장기와 마찬가지로 구조와 기능의 상관관계에 달려 있을 뿐이다. 심지어 개인의 삶에서조차, 우리는 일부 대체되지 않는 장기의 기능이 달라진다는 것을 알고 있다. 질병에 침식되는 사태가 벌어지지 않는다면, 우리는 청소년기부터 노년기까지 같은 폐와 같은 심장을 쓰게 된다. 그러나 같은 장기라도 기능은 달라질 수 있다. 산을 오르면 심장이 쿵쿵거리고 숨이 가빠진다. 마음을 가라앉히고 잠이 들면, 심박은 조용해지고 호흡은 길고 규칙적으로 변한다. 높은 고도에서 여름을 보내거나 열대지방에서 겨울을 날 때에도 일시적인 변화가 일어난다. 이럴 때는 심장이나 폐의 구조가 변한 것이 아니라, 그저 다른 방식으로 기능할 수 있는 안전한 허용 범위가 제법 넓을 뿐이다. 일상에서 익숙해진 이런 상황은 인간 집단을 비교할 때도 적용해야 한다. 여기에도 우리는 마찬가지의 안전 범위가 존재함을 확인할 수 있다. 기초 대사량이 낮은 인종도 기초 대사량이 높은 인종과 함께 활동할 수 있으며, 생리적인 차이점이 있다 하더라도 적응에 장애물이 되지는 않는다. 여러 민족의 시력도 비슷한 결과가 나오겠지만, 일부 원시 부족은 백인 탐험가가 보기에는 마치 쌍안경이나 현미경을 쓰는 것처럼 느껴지기도 한다. 특정 상황에서 눈을 사용하는 법을 훈련했기 때문에, 기적으로 보일 정도로 세밀한 것까지 확인할 수 있는 것이다. 반면 원시 부족은 종이 위에 빼곡하게 적힌 글자를 읽는 능력을 기적처럼 여기기도 한다. 여기서 차이는 기관 그 자체가 아니라 그 기관을 주로 사용해 온 경험에 있는 것이다.

뇌 또한 이와 크게 다르지 않다. 비슷한 뇌 구조를 가진 사람들도 그 사용법은 크게 다를 수 있으며, 이것 또한 사람들의 정신이 주로 활동해 온 경험이 다르기 때문에 벌어지는 일이다. 유전된 구조와 학습한 기능을 헷갈리는 것이야말로 우리가 벌인 어리석음의 소치일 것이다. 물론 심장의 결손이나 난시처럼 기관 자체의 한계는 존재하지만, 기관 자체가 열등한 개인은 모든 종족에서 태어난다. 그를 이유로 인종 전체를 정신박약으로 몰아갈 수는 없을 것이다.

뇌 용적에 대한 이런 모든 논의에서, 나는 피그미와 준 피그미 종족을 배제했다. 이들 종족이 현대 사회에서 제대로 기능할 수 있는지는 순전히 학술적인 질문일 뿐이다. 사회적 기반이 파괴되는 도중에 있는 이들이라 그런 문제를 현실로 당면하지 못했기 때문이다. 이들은 원래부터 살아오던 고향에서 쫓겨나 아무도 원하지 않는 산악지대나 사막으로 밀려나고 있다. 말비나 호프먼*의 유명한 부시먼 가족 청동상을 보는 사람들이라면, 그들의 뇌 용적과는 무관하게 시계를 거꾸로 돌려 그들을 평화롭게 살아갈 수 있게 해 주고 싶다는 생각을 품지 않

---

* Malvina Cornell Hoffman(1885-1966). 미국의 조각가, 작가. 실물 크기의 청동상으로 특히 유명하다. 스탠리 필드의 의뢰로 시카고의 필드 자연사박물관에 각종 사진과 조각으로 이루어진 '인류의 전당'을 구성했으며, 〈칼라하리 사막의 부시먼 가족〉은 그중 가장 유명한 작품에 속한다. 1969년에 '인류의 전당'이 철거된 후에도 〈부시먼 가족〉은 2015년 복원에 들어갈 때까지 계속 전시되었다.

을 수 없을 것이다. 적어도 그들은 사막 지대의 바위마다 영감 넘치는 사냥 그림을 그릴 정도의 재능은 가지고 있었으며, 그들의 그림은 오늘날 유럽 화가들의 감탄의 대상이 되고 있다. 그들의 옛 부족 생활은 상냥하고 비공격적이었다. 그러나 초기의 백인 농부와 목축업자들은 복종하지 않으며 이방인의 침략에 마지막까지 저항하는 그들의 성향을 용서받을 수 없는 죄로 여겼다. 그래서 그들은 어느 동시대인이 말했듯이, '천상과 지상의 지배자의 강대한 손에 의해' 눈에 띄는 대로 학살당했다. 그리고 당시 무력한 인간을 고의적으로 학살하는 행위에, 그리고 평소 분별 있는 신사였던 행정관이 그런 행위를 하늘이 허락한 일상 업무로 여긴다는 일에 역겨움을 표한 것은 한 줌도 안 되는 백인 이방인이 전부였다. 어느 백인 여행자는 이런 기록을 남겼다. '우리 부시먼 안내인의 대칭 형태를 이루는 아름다운 육체에 감탄했다. 지금껏 본 적이 없을 정도로 가볍고 수월한 걸음걸이로 우리와 함께 걷거나 우리보다 앞서 달려가곤 했다. 작고 연약한 형체임에도 비율이 좋은 육체를 꼿꼿이 세우고 남자다움을 발산하는 모습에, 그의 단호하고 대담한 걸음에, 표정에서 환히 빛나는 자유에 대한 자각에, 우리 모두는 형언할 수 없는 기쁨을 느꼈다.'[14] 부시먼은 기술 문명에 적응하지 못할지도 모르지만, 뇌 용적의 차이에도 불구하고 인류 종족의 불명예로 여길 만한 이들은 절대 아니다.

심리학적 연구

인종의 우월성에 대한 심리학 검사는 단순한 뇌 용적보다 덜 조악하고 보다 유의미한 기준을 세우기 위한 시도였다. 이들의 검사에는 뇌 기능의 결과물이 포함되기도 했으며, 뇌의 용적보다는 뇌의 활동이 중요하다는 것을 인지한 결과이기도 했다. 바로 그 이유에서, 지난 25년에 걸쳐 종족과 국가 집단의 지능지수를 평가하기 위한 다양한 개인 및 집단 검사와 시험이 고안되고 수행되어 왔다.

대부분의 지능검사는 미국에서 수행되었다. 1차 대전에 해외에 파병된 미군은 지능검사를 받았으며, 미국 전역에서 모여든 어마어마한 수의 개인 덕분에 과거의 검사와는 비교할 수 없는 이상적인 표본 집단을 구성할 수 있었다. 검사 결과는 단순하게 인종 및 국가 집단에 따라 나뉘었으며 ― 흑인, 유대인, 영국 또는 이탈리아계 등 ― 여기서 각 집단의 평균 '정신 연령'을 유추했다. 각 집단의 차이는 엄청났다. 군대 내 백인종의 평균 정신 연령이 13.1세였던 데 비해 흑인종은 10.4세였으며, 겹치는 구간은 12퍼센트에 지나지 않았다.[15] 다양한 이민자 백인 국적 중에서는 폴란드인이 가장 하위에 있었으며, 이탈리아인도 그와 엇비슷한 수준이었다.

당시 군대의 검사 결과는 이후 오늘날에 이르기까지 지능검사 담당자들에게 숙제를 안겼다. 이 결과에 대한 첫 번째 반응은 마침내 지능이 유전으로 전달되는가에 대한 해답이 나왔다는 것이었다. 초기 연구자 중 하나인 터먼*은 비네식 지능 검사법이 교육이나 경험에 거의 영향을 받지 않는 선천적 지능을 평가하는 방법이라 서술했다. 군 검사를 유럽 각 지역의 이민자별 결과로 해석하는 일을 맡았던 브리검**은, 북유럽계 개인의 수치가 남유럽계 개인보다 높았기 때문에, 북구인이 알프스인이나 지중해인보다 선천적으로 지능 수치가 높다는 결론을 내렸다. 흑인의 낮은 수치는 백인에 대한 열등 정도를 직접적으로 나타내는 것으로 여겨졌다.

그러나 지난 10년 동안 이루어진 연구의 결과, 인종심리학자들은 이 결론을 의심하기에 이르렀다. 지능검사에는 여러 종류가 있다. 일부는 구두 능력에 극도로 의존하며, 검사의 요소 중에 어휘력이 포함되기도 한다. 가정에서 영어를 사용하는 집단이, 다른 언어로 자신을 표현하는 집단보다 높은 점수를 얻을 수밖에 없다는 점은 자명했다. 어휘 측정이나 문항의 지시사항에 사용된 단어 중 여럿은 일상 구어에서 거의 사용하지

---

* Lewis Madison Terman(1877-1956). 미국의 심리학자, 작가. 교육심리학의 선구자이며 스탠포드-비네 지능검사척도의 개량으로 알려져 있다.

** Carl Campbell Brigham(1890-1943). 미국의 심리학자, 우생학자. 심리측정학의 선구자이자 우생학자로 반이민법에 상당한 영향을 끼쳤다. SAT를 처음 개발한 사람이기도 하다.

않으며 많은 가정에서 책을 통하지 않으면 습득할 수 없는 것들이었다. 흑인이나 최근 도착한 이민자나 외국인 2세대 자녀는 불리한 위치에 있었던 셈이다. 이런 언어적인 불리한 조건은 명백하게 부적절한 것이며, 검사 결과를 선천적 능력의 평가로 간주하기 전에 이런 요인도 고려해야 할 것이다.

군대 검사뿐 아니라 이후에 이어진 다른 여러 시험에서도, 검사자들은 다른 부류의 어려움을 강조했다. 검사에 응하는 두 집단 모두 최선을 다할 동기가 있어야만 그 결과를 비교할 수 있다는 것이다. 검사자들은 동기의 불균형을 너무 뻔히 알아볼 수 있었고, 이는 분명 결과에 영향을 미쳤다. 가스*는 심지어 일본인과 중국인의 높은 점수를 예로 들며 — 백인을 100으로 놓았을 때 이들은 99분위를 기록했다 — 흑인, 멕시코인, 미국 원주민의 낮은 점수가 그들이 '백인의 진지함을 진지하게 받아들일 수 없었기 때문'일지도 모른다고 추측하기도 했다.[16] 실제로 스탠퍼드-비네 검사법은 이들 집단이 전통적으로 중요하게 여길 법한 문제와는 동떨어져 있기도 하다.

최대한 높은 점수를 받으려는 동기에 있어서는 집단마다 더

---

* Thomas Russell Garth(1872-1939). 미국의 심리학자, 전간기의 인종 정신분석의 가장 유명한 연구자로 알려졌다. 훗날 이 분야에서 자신의 결론 상당수를 부정하기도 했다.

명확한 차이가 존재한다. 여러 문화에서 예의로 간주하는 행동의 차이에 따라 점수에 영향을 끼치는 경우가 있다. 여러 민족, 특히 미국 원주민 부족에서는, 이론의 여지 없이 확신할 수 있는 경우가 아니라면 질문에 답하거나 사실을 진술하지 말라는 교육을 받는다. 일반적인 미국 학생이라면 사소하게 넘길 법한 조금의 미심쩍음이라도 있으면 그대로 침묵을 지킨다는 것이다. 그런 아이들과 달리 이런 집단의 개인은 느리거나 잘못 대답하는 것보다 완벽하게 확신하지 못하는데도 섣불리 나서는 것을 더 큰 수치로 생각한다. 따라서 사소한 부분까지 전부 이해하지 못했다면 검사에 사용되는 이야기를 되짚어 말하는 대신 침묵을 지킨다. 그림에 지금껏 본 적이 없는 '웨스턴 유니언' 편지 봉투가 있다는 이유로 그림을 해석하는 것조차 주저한다. 클라인버그*는 답을 모르는 사람이 동석해 있으면 아예 답을 말하지 않는다는 다코타 원주민의 터부 때문에 일어난 어려움을 묘사하기도 한다.[17] 이런 예절을 따르는 아이들이 수행한 검사 결과를, 답을 아는 사람이 동석했을 때 답을 말하면 안 된다는 터부를 가진 다른 문화권 아이들의 검사 결과, 그리

---

* Otto Klineberg(1899-1992). 캐나다의 심리학자. 1930년대에 수행한 미국의 흑백 학생에 관한 연구는 브라운 대 토피카 교육위원회 재판의 승리를 이끌어낸 주요 근거가 되기도 했다.

고 거의 모든 상황에서 답을 말하려 시도하는 우리 문화권 아이들의 검사 결과와 비교하는 것은 온당치 못한 일일 것이다. 족장이나 상위 계급에 대한 존중이 습관화되어 있는 사회에서는 어떤 집단 검사도 터무니없이 뒤틀릴 수밖에 없다. 이런 모든 경우에서, 문화의 예절이 점수에 영향을 끼친다 할 수 있을 것이다.

온갖 부류의 어려움이 끝없이 이어진다. 짝이 맞는 색을 골라내는 시험에서, 발리섬의 아이들은 '예쁜 허리띠에 어울릴 만한' 조화로운 색상을 찾느라 한참 시간을 낭비했다. 발리인들은 매우 섬세한 색상 감각을 지니고 있기 때문에, 색 조합의 세련된 취향을 보일 기회에서 단순히 같은 색을 함께 골라내느라 시간을 낭비하는 행위는 용납할 수 없었던 것이다. 색상 시험에서 일어나는 가장 큰 문제는 여러 공동체에서 저마다 색상을 다른 식으로 분류한다는 것이다. 색상 스펙트럼이란 명확한 경계선이 존재하지 않는 연속체다. 영어는 특정 지점에 선을 긋고 한쪽은 '노란색', 다른 한쪽은 '녹색'으로 묘사한다. 다른 언어에서는 다른 지점을 경계로 잡는다. 예를 들어, 연녹색과 진녹색을 경계로 잡고서, 연녹색과 일부 노란색을 '어린 잎 색', 진녹색과 일부 파란색을 '어두운 물색'이라고 부르는 집단이 있다고 해 보자. 이들의 색 분할은 우리가 사용하는 것만큼 일리가 있지만, 색상 검사에서 우리만큼 높은 점수를 기록하지는 못할 것이다. 다른 여러 고유한 문화적 요소도 색 범주만큼이나 보정하기 힘들다. 반대말 찾기와 같은 단어 시험에서, 사모아인들은 매우 높은 점수를 기록했다. 그들의 문화에서 말장난이나 짧은 경구 등의 말놀이에 익숙해져 있었기 때문이다. 다른 검사 상황에서는, 그들은 종종 우리 기준으로 볼 때는 끔찍하게 낮은 점수를 기록했다. 발리인들이 같은 색 찾기 시험을 할 때와 마찬가지 이유였다.

검사 그 자체에 관한 의문과, 검사 결과가 선천적 지능이 아니라 학습 달성 정도의 평가일 뿐이라는 검사자들 사이에서 퍼져나가는 믿음 외에도, 많은 이들이 표했던 근거 있는 의문은 그 결과가 실제로 인종별 격차를 나타내는지, 아니면 단지 그렇게 보이게끔 발표되었는지다. 백인 또는 흑인의 점수는 미국 내에서도 지방에 따라 크게 달라진다. 결과의 격차가 실제로는 지방에 따라 일어난 것은 아닌지 살펴볼 필요가 있을 것이다. 따라서 검사자들은 여러 남부 주의 백인과 여러 북부 주의 흑인의 결과를 표로 정리했고, 여기서 깜짝 놀랄 결과를 얻었다. 중위값으로 정리하면, 남부 백인은 북부 흑인보다 뒤떨어지는 결과를 보였던 것이다.

백인[18]

미시시피　　41.25

켄터키	41.50
아칸소	41.55

흑인

뉴욕	45.02
일리노이	47.35
오하이오	49.50

이렇게 결과의 세부를 살펴보면 처음의 해석이 본질적으로 잘못되었다는 사실을 확인할 수 있다. 미국의 흑인 인구는 주로 남부에 몰려 있다. 이들의 지능지수가 독특한 이유는 흑인이기 때문이 아니라 남부인이기 때문이었던 것이다. 우월한 백인 인종이라 해도, 모든 설문과 모든 방문객의 눈에 띄는 특성인 낮은 1인당 교육비 지출과 낮은 생활 수준을 가지는 특정 남부 주에서 양육되었다면, 나쁜 결과를 얻었을 것이다. 검사자들은 선천적 인종별 격차라는 결론에 의문을 품을 만한 타당한 이유가 있다고 생각하고, 추가 검사를 계획했다. 이들은 내슈빌, 시카고, 뉴욕시에서 흑인과 백인 소년들의 지능을 검사했다. 흑인이 백인보다 뒤떨어지는 정도는 내슈빌에서 가장 컸고, 시카고에서는 그보다 격차가 좁혀졌으며, 뉴욕시에서는 백인과 동등한 수치가 나왔다. 이들은 흑인의 수가 적고 백인

과 같은 교실에서 수업을 듣는 로스앤젤레스에서 검사를 시도했다. 흑인의 평균 지능지수는 104.7이었고(반면 남부 흑인의 평균 지능지수는 75 정도였다)[19] 이 수치는 '비교군의 백인 아이의 지능지수보다 살짝 높은 정도였다.' 검사 결과는 교육 기회에 따라 다양한 수치를 보였다.

　일부 검사자들은 아직도 최초의 해석에 근본적인 문제가 없다고 여긴다. 우월한 흑인들이 북부나 서부로 이주했을 뿐이라 여기기 때문이다. 이런 해석은 '선택적 이주'라고 불린다. 이런 검사자들은 남부 도시의 학교 기록을 확인하여 가장 똑똑한 아이들이 북부로 갔다는 증거를 찾으려 했다. 북부로 이주한 이주민의 평균 기록은 남부 도시의 흑인 학교의 평균과 거의 정확히 일치했다.[20] 다음으로 그들은 뉴욕의 흑인 학교 학생들을 검사했다. 만약 이들의 평균치가 높은 이유가 남부 흑인 중에서 우월한 이들만 북부로 이동했기 때문이라면, 이들이 뉴욕에서 보낸 기간은 지능지수에 영향을 끼치지 못할 것이다. 그러나 가장 최근에 뉴욕에 도착한 이들의 지능지수가 가장 낮았으며, 뉴욕에 거주한 기간은 결과에 강한 영향을 끼쳤다. 그래도 아직 남은 질문이 존재한다. 최근 남부에 도착한 이들이 예전보다 열등해진 것은 아닐까? 이 또한 검사가 수행되었으나 오히려 정반대 결과가 나왔다. 나중에 이주해 온 이들일수록 지능지수가 높았던 것이다. 따라서 명확해진 것은 검사 결과와 사회 및 교육적인 이점의 상관관계 뿐이었다. 미합중국에서 흑인의 환경적 이점은 같은 교육 수준의 백인을 따라잡은 적이 없지만, 그래도 비슷해질수록 흑인의 '열등성'은 분명 감소하는 경향을 보였다.

따라서 지능 검사자들은 1920년에 비하면 극도로 다른 방식으로 자료를 해석하기 시작했다. 손다이크*는 1914년부터 이런 주장을 남겼다. '(서로 다른 인종과 출신 국적에 따른 지능 지수) 자료는 집단 사이에 존재하는 알려지지 않은 정도의 특성 차이를 나타내며, 이는 알려지지 않은 정도만큼 훈련에 영향을 받는다.'[21] 인종 검사에 삶의 많은 부분을 할애했고 이미 표준이 된 저서의 저자인 가스의 경우도 있다. 그는 자신의 연구가 처음에는 '지능의 작용에서 인종에 따른 명확한 차이를 발견하게 되리라는 암묵적인 확신을 지니고 있었'지만, 모든 심리학 검사 결과를 확인한 후에는 '소위 말하는 "열등 민족" 논리의 무가치함을 군이 언급할 필요는 없다고 생각한다. 그 가치가 제대로 된 시험으로 확립된 적조차 없기 때문이다'라고 말했다.[22] 자신의 저서 『인종 차이Racial Differences』에서 정신 검사 결과를 명확하게 정리한 클라인버그는 다음과 같은

---

* Edward Lee Thorndike(1874-1949). 미국의 심리학자. 비교심리학과 행동심리학의 여러 연구로 현대적 교육심리학의 과학적 기반을 닦았다.

결론을 내린다. '따라서 지능검사란 선천적 능력의 집단별 차이를 측정하는 수단으로는 사용될 수 없으나, 성취의 정도를 나타내는 용도로는 요긴하게 사용할 수 있다. 같은 인종이나 집단 안에서 비교를 시도한다면, 배경 조건에 따라 상당히 다른 결과가 나타난다는 점을 확인할 수 있을 것이다. 따라서 개인 간의 지수 차이는 인종마다 선천적으로 정신적 능력이 다르다는 가설에 의지하지 않고도 충분히 설명할 수 있다.'[23] 심지어 1921년에 군대 검사를 해석해 북구인이 알프스인이나 지중해인보다 인종적으로 우월하다는 결과를 내놓은 브리검조차도 자신의 결론을 뒤집었다. 1930년에 그는 이렇게 썼다. '다양한 국적 및 인종 집단의 비교 연구는 현재 존재하는 검사로는 불가능하다…… 이런 비교 인종 연구 중에서도 가장 터무니없는 연구, 즉 저자 본인의 연구는, 아무런 근거도 없는 것이었다.'[24]

따라서 현재의 지능 검사자들은 검사 결과를 후천적 성취, 특히 학업 성취의 척도로 여긴다. 학업 성취에는 선천적인 적성과 특정한 훈련이 필요하다. 다른 말로 하자면, 유전과 환경 모두 저마다의 역할을 수행한다는 뜻이다. 문제는 여기서 유전적 요인이 인종에 따른 상수인지의 여부다. 오늘날 인종별 검사의 결과는 유전적 적성이 인종에 따라 배분되어 있지 않으며, 서로 다른 집단에서도 환경 조건이 비슷하다면 평균 성취도 또한 비슷하다는 결론을 내린다. 개인별 차이는 모든 인종에서 여전히 존재하지만, 결과를 보면 인류의 성취를 진보시키려는 모든 계획에서는 인종이나 피부색을 막론하고 적절하고 지속적인 기회를 제공하는 방법으로 목적을 달성할 수 있음을 알 수 있다. 생물학자 H. J. 멀러는 이 사실을 다음과 같이 표현했다. '진정으로 중요한 특성에 있어서는, 인종 사이의 자연적 차이점은 개인 사이의 자연적 차이점에 비해 아무 의미도 없을 정도로 사소할 뿐이다. 심지어 유전자 개량이라는 지엄한 과학 이론조차도 도저히 전자를 개량 과정에 끼워넣을 수 없을 정도다.'[25]

인종 심리학 검사라는 과정 자체가 원래의 목적에는 부적합했다고 할 수 있을 것이다. 심지어 검사 자체가 완벽하게 설계되었더라도 그 사실은 변하지 않는다. 그 원래의 목적이란 인종간의 능력 차이를 비교하는 것이었다. 동물 육종가도 비슷한 문제를 겪는다. 다른 혈통보다 증진할 가치가 있는 좋은 혈통을 찾아야 하기 때문이다. 그러나 육종가는 지금껏 살아온 환경을 무시하고 그저 평균 능력이 좋다는 이유로 특정 혈통의 황소를 전부 선택하지는 않는다. 최고의 황소라도 낯선 목장으로 보내놓고 아예 돌보지 않은 채 방치한다면 부루퉁해져서 아무것도 하지 않으리라는 사실을 알고 있기 때문이다. 그런 일이 벌어진다 해도 그 혈통 자체에 대한 신뢰를 거둘 이유는 없다. 열악한 조건 때문에 동물들의 상태가 나빠진다 해도 자신의 추천이 틀린 것이 되지는 않음을 알고 있기 때문이다. 그런 사람이라면 생활 환경을 고려하지 않고 인종 집단의 평균치만을 제시하는 과거의 심리학자들의 방법론을 이해하지 못할 것이다. 훌륭한 성과 한 번이 수많은 나쁜 성과보다 우선적으로 고려의 대상이 될 것이다. 훌륭한 황소 한 마리가 나오면 그런 성공을 재현하고 싶어질 것이다. 그 혈통이 특정 환경에서는 그만큼의 능력을 낼 수 있음이 확인되었기 때문이다.

따라서 심리학적 검사에서도, 우리가 소를 치는 농부만큼 인간의 능력에 진심으로 매달린다면, 평균치보다는 고립된 최고치에 가중점을 주어야 할 것이다. 개별 결과는 단순히 평균보다 흥미로운 정도가 아니라, 평균보다 적절하기도 하다. 핀터식 비언어 검사에서, 산타페 소재 미합중국 원주민 학교에 다니는 12세의 순혈 원주민 소녀는 145의 지능지수를 기록했다. 이는 백인 평균보다 45점이 높으며, 원주민 평균보다는 70점이 높은 수치다. 전국 지능검사에서는 샌안토니오의 공립학교에 다니는 멕시코인 소년이 같은 수치인 145의 지능지수를 기록해서, 백인 평균을 원주민 소녀만큼이나 앞서고 미합중국의 멕시코인 평균보다는 67점이 높은 수치를 얻었다.[26] 순혈 흑인으로 보이는 시카고의 9세 소녀는 비네식 지능지수로 약 200점을 기록했다.[27] 미국 원주민, 멕시코인, 흑인들이 미합중국에서 겪는 상황 속에서도 검사에서 요구하는 결과를 충분히 달성하는 개인을 배출할 수 있다면, 혈통 자체에는 아무런 문제도 없다고 생각해야 할 것이다. 개인의 능력은 혈통을 막론하고 서로 다르게 마련이며, 혈통 때문에 우월한 능력을 가진 개인에게 기회를 주지 않는다면, 그 문명은 분명 손해를 보게 될 것이다.

역사적 연구

인종의 우월성에 관한 주장에는 역사적 기반도 존재한다. 문명의 번성과 쇠락이 인종 때문이라는 주장은 꾸준히 제기되어 왔다. 문명의 진보나 퇴보를 확인하려면 그 집단의 인종 구성만 파악하면 된다는 식이다. 저명한 역사가들은 이런 잘못된 해석에 꾸준히 이의를 제기해 왔다. 12세기에서 13세기 사이에, 또는 18세기에서 19세기 사이에 일어난 변화에 얼마나 많은 요인이 작용했는지만 생각해도 그런 주장은 간단히 배격할 수 있다. 반면 특정 국가의 인종적 구성에 일어난 변화는 무시할 수 있을 정도에 그쳤다. 그러나 오늘날 독일의 인종 차별 정책은 주로 이런 유사역사학의 주장에 바탕을 두고 있다. 인종 위생을 강요하고 아리아인과 비아리아인의 혈통이 섞이면 엄청난 처벌을 내리면서, 독일은 그 모든 것이 역사적으로 입증된 방법이라고 주장한다. 제3제국의 정치가와 교육자들은 위대한 문명의 비밀이 순혈 인종에 있다고 끊임없이 강조한다. 여기에 대한 가장 적절한 답변은, 그 어떤 위대한 문명의 구성원도 인종적으로 순수하지 않았다는 것이 될 것이다. 혼혈 때문에 문명이 퇴보했다는 주장은, 혼혈 덕분에 문명 발전을 이룩할 수 있었다는 주장과 같은 정도의 신빙성을 지닌다. 인종 유형의 혼합은 역사시대 이전부터 이루어졌으며, 문명이 위대한 업적을 남기던 시대에도 퇴보하던 시대에도 항상 존재했다. 상수로 존재하는 요소는 어느 쪽의 원인도 될 수 없다.

이런 레이시즘 역사 해석의 변종으로, 모든 발전을 이룩한 것이 코카소이드 인종이라는 것이 있다. 인도에서도, 중국에서도, 메소포타미아에서도, 이집트에서도 모두 그런 일이 벌어졌으며, 이것은 지식의 교환이나 상호 작용 때문이 아니라 유전적으로 우월한 코카소이드 인종이 활동했기 때문에 일어난 필연적인 결과라는 것이다. 비슷하지만 더 흔한 논변으로 북구인이 백인을 이끈다는 주장이 있다. 북구인이 주류를 차지한 적이 없는 그리스와 로마에서도, 그 위대함은 북구인에 속하는 개인에 의해 이루어졌다는 것이다.

이 특수한 주장에 대해서는 이미 검증한 바 있다. 이런 주장은 역사라고 할 수 없으며, 역사가들은 수도 없이 그에 대한 부정을 되풀이해 왔다. 현대 문명은 수많은 인종 집단의 다양한 발명 위에서 이룩된 것이며, 이런 발명 중 일부는 유럽인들이 여전히 뒤떨어진 야만인이고, 거대 인구 중심지에서는 북구인의 존재 자체도 알려지지 않았던 시기에 이루어진 것이다. 그런 주장 자체가 역사의 발전 과정을 무시하고 뻔뻔한 인종주의적 망상을 그 자리에 채워넣은 결과물일 뿐이다.

게다가 이런 주장은 '순수' 인종론에 배치되는 것인데도, 인종차별주의자들은 종종 이 두 가지를 함께 사용하곤 한다. 문명의 진보가 한 줌의 코카소이드나 북구인이 나머지 인종을 감화시켜 이룩해낸 것이라면, 당연히 그 과정에서 혼혈이 발생할 수밖에 없다. 인종차별주의자의 주장에 따르자면 혼혈이 문명의 쇠락이 아니라 진보를 불러왔다고 말해야 할 것이다. 인종차별주의자들은 사실을 우스꽝스럽게 뒤틀어서 이런 모순에 대처한다. 다른 인종을 감화시키는 과정이 역사 전반에 걸쳐 그토록 엄청난 효용을 일으키는 이유는, 그 인종의 선천적인 정신 및 감성의 특성 때문이라는 것이다. 따라서 튜튼족(북구인)은 언제나 선출한 지도자를 충직하게 따랐고, 언제나 모험심이 왕성했으며, 언제나 정복자였다. 과거 역사의 어느 시점을 살펴봐도, 앞으로 닥쳐올 어떤 미래에서도, 이런 덕성은 그 혈통의 본질이며 다른 인종에서는 절대 찾아볼 수 없는 것이라 말한다.

역사는 이런 주장에 훨씬 큰 규모로 답했다. 크게 두 가지 관점에서 이런 주장을 배격할 수 있다. 우선 모든 백인이 문명의 진보를 불러올 수 있다고 주장하는 인종차별주의자들은 백인 집단 전체가 이룩한 뚜렷한 업적을 증명하려 시도하지 않는다. 대신 언제나 자신이 소속된 백인 또는 북구인의 일부만을 언급한다. 중유럽과 남유럽의 소작농 계층은 귀족이나 도시 주민과 마찬가지로 백인종의 일원이지만, 이들이 생계를 꾸려가는 방식이나 지적 및 사회적 문제에서의 좁은 시야는, 객관적인 연구자에게는 여러 니그로이드나 몽골로이드 '원시인'에 비해 더 '문명화'되었다고 보이지는 않는다. 테네시와 켄터키 고지대에 정착한 스코틀랜드-잉글랜드 혈통의 순수 백인은 그 인종의 힘으로 문명을 이끄는 자리에 오르지 못했다. 끝없이 이어지는 잔혹한 가문 간의 알력, 문맹률, 옛 노래를 구전으로 보존하는 모습은 그들을 잘 아는 이들에게는 목가적이고 매력적으로 보일 수도 있겠지만, 그들의 인종적 후손이 발전된 문명을 이룩하도록 도와주지는 못했다.

북구 아인종을 놓고 이런 주장을 할 때도 논리를 방어할 수 없다는 것은 마찬가지다. 북구인을 묘사하는 독일인 인종차별주의자는 스칸디나비아, 잉글랜드, 프랑스, 미국의 북구인이 아니라, 오직 독일 북구인만 이야기한다. 프랑스인 인종차별주의자는 프랑스의 북구인만 입에 담거나, 또는 북구인의 우월성에 대한 논변 대신 갈리아-로마인(즉 켈트족, 알프스인, 지중해인)에 대해서 같은 주장을 늘어놓는다. 그러나 역사가 가르쳐 주는 바에 따르면, 조건이 뒷받침되기만 하면 모든 인종과 아 인종에서 모험가와 정복자가 등장할 수 있다. 아무리 덕목을 길게 늘어놓아도 역사의 특정 부분, 특정 사회적 환경을 살펴 보면 모든 인종에서 그런 요소를 찾아볼 수 있게 마련이다.

빼앗을 수 없는 인종의 영혼이라는 주장을, 역사는 다른 방 식으로 거부하기도 한다. 역사에 기록된 빠른 사회적 변화의 요인이 되기에는, 유럽의 인종 구성은 지나치게 느리게 변해 왔다. 엘리자베스 여왕과 셰익스피어의 잉글랜드는 한 사람의 일생이 지나기도 전에 크롬웰의 잉글랜드로 변해 버렸다. 새 뮤얼 피프스의 『일기』에 생생하게 그려진 왕정복고기의 잉글 랜드는, 다시 한 사람의 일생이 지나기도 전에 18세기의 잉글 랜드로 바뀌었다. 우리는 그동안의 정치사회적 환경 변화는 추 적할 수 있어도, 인종 구성의 변화는 추적할 수가 없다. 스페 인, 프랑스, 독일, 이탈리아에서도 마찬가지였다. 아무리 뛰어 난 업적이나 정신적 또는 감정적인 특성의 목록을 만들어낸다 해도, 그런 것들이 민족의 '혈통' 때문에 자동적으로 등장했을 가능성은 존재하지 않는다. 사회적 변화는 안정된 정치경제적 상황을 순식간에 뒤흔들 수 있다. 때로는 '당대의 분위기'를 언 급하며 원인을 파악하려 애쓰기도 한다. 그러나 유럽의 급격한 변화의 이유가 인종 구성의 변화 때문일 리는 절대 없을 것이다.

비유럽 세계에서도 이런 사실은 변하지 않는다. 일본은 수세기 동안 인종적으로 유럽보다 훨씬 안정적인 곳이었다. 동양 문명이 몇백 년 동안 이어진 후, 일본은 1868년부터 열정적으로 서양 문명을 받아들이기 시작했으며, 이제는 서구의 방식을 따라서 주목할 만한 군사 강국이 되었다. 이런 급격한 방향 전환은 절대로 일본의 인종 구성이 바뀌어서 일어난 것이 아니며, 시드니 L. 굴릭*이 1903년 『일본인의 진화』에서 세세하게 설명했듯이 사회적 변화를 원인으로 들어야 할 것이다. 그의 말대로, 만약 인종차별주의자들이 일본 역사의 양쪽 시기가 모두 그 인종의 선천적인 불변하는 정신력에서 온 것이라 주장한다면, 양쪽에 공통적으로 존재하는 빼앗을 수 없는 특성이 무엇인지 정의하기는 쉽지 않을 것이다. 너무 무모한 주장인 것이다. 귀스타브 르보**는 일본인의 영구적인 생물학적 특성에 대해 이렇게 말했다. '일본인은 손쉽게 대학 학위를 따

---

* Sidney Lewis Gulick(1860-1945). 미국의 교육자, 작가, 선교사. 미일 문화교류 및 친교 수립을 위해 노력했다.

** Charles-Marie Gustave Le Bon(1841-1931). 프랑스의 사회학자. 다양한 분야의 학문에 관심을 가졌으며, 세계를 여행하며 여러 민족과 문화를 품평했다. 휴대용 두지수 측정기를 발명하고 항상 소지하고 다닌 것으로 유명하다.

거나 법률가가 될 수 있는 이들이다. 그러나 그렇게 얻어내는 겉모습은 허식에 지나지 않으며, 그의 정신적 체질에는 아무런 영향도 끼칠 수 없다. 일본인은 그 어떤 교육을 받아도 서구인의 사고방식, 서구인의 논리, 서구인의 성품을 획득할 수 없다. 유전이 그들을 그렇게 만들었기 때문이다.'[28] 그러나 현재에 이르러 가장 많이 들리는 불평은 일본이 너무 성공적으로 서구 열강의 성품을 받아들였다는 것이다. 일본은 르보가 언급한 '그 해부학적 특성만큼이나 변하지 않는 정신적 체질'을 보여주지 못했다. 이 문제점을 회피하기 위해서, 십여 년 전까지만 해도 일본의 '정신적 체질'을 변덕스럽고 유행에 휘둘리는 것으로 간주하는 경우도 있었다. 일본이 완전히 현대 국가의 궤도에 오른 후로, 그런 묘사는 찾아보기 힘들어졌다. 사실 1500년을 이어진 군사 중심의 사회 체제가 지난 세기 중반에 끝났다는 것은 여전히 충격적인 사실이기는 하다. 당시 일본인의 삶이 보여주던 영속성과 불변성은 유럽에 남은 그 어떤 기록보다도 대단한 것이었다. 이번 세기로 넘어오는 시기에 많은 이들이 선천적인 변덕이라 불렀던 성질은, 그저 빠른 사회 적응에 뒤따른 일시적인 현상에 불과했다. 종종 지적되는 일본인의 다른 선천적 특성에는 합목적인 행동을 하는 서구인들과는 정반대로 격식에 집착한다는 것이 있다. 에드윈 아놀드 경*은 1890년의 일본인에 대해 '일반적인 인간보다는 새나

나비의 습성에 가깝다'고 표현했다. 여기서 일반적인 인간이란 물론 유럽인을 뜻하는 것이다. 오늘날 우리들은 일본인이 목적에 집착한다는 면에서는 우월한 서구인보다 앞선다고 말하곤 한다. 적어도 현대 일본의 목적이 서구 세계의 목적과 일치하므로, 그들의 목적을 이해할 수는 있게 된 셈이다.

역사적으로 볼 때, 일본의 느릿하고 격식을 따르며, 미적 가치를 중시하고, 봉건주의 조직과 무사 중심의 계급구조를 가지는 문화가 오늘날의 상업과 제국주의 전쟁에 매진하는 활기찬 문화로 바뀌는 과정은 극도로 명쾌하고 인위적이었다. 일본은 배척 정책으로만은 서방의 외국인들과 적당한 거리를 유지하는 것이 불가능하다는 사실을 깨닫고, 다른 방침을 택하기로 마음먹었다. 서양이 가르치는 모든 것을 학습해서 같은 지위에 오르려고 굳게 결심한 것이다. 1868년에 갓 즉위한 천황은 '유신' 정책의 첫해에 내린 칙령에서 다음과 같이 말했다. '구래의 누습을 타파하라…… 지식을 세계에서 구하여 황국의 기반을 진기振起하라.'** 일본은 열의를 품고 사회적 변화에 매진했으며, 오늘날에 이르기까지 일본이 겪은 다양한 발전상에서 그

---

* Sir Edwin Arnold(1832-1904). 영국의 시인, 언론인. 불교와 일본에 매료되어 여러 저술을 남겼다. 만년에는 일본에 머물며 일본인과 결혼했다.
** 메이지 신정부가 제정한 5개조 서문(伍箇條の御誓文).

사실을 읽어낼 수 있다. 과거 일본의 성격을 규정하던 '동양적 정신 상태'에도 불구하고, 이런 발전은 극도로 빠르게 이루어졌다. 그러나 일본인은 언제나 그랬듯이 여전히 몽골로이드에 속한다. 일본은 르보의 다음과 같은 선언이 허위임을 명백히 보여준다. '한 민족의 저변에 깔린 습성을 버리고자 한다면, 혼혈이야말로 유일한 실패 없는 방법일 것이다. 혈통에 맞설 수 있는 강대한 힘은 다른 혈통뿐이다.'[29]

인종의 변화 없이 정신 및 감정적 행위에서 일어나는 빠르고 극적인 변화는, 원주민 문화가 백인 문명과 마찰을 일으킬 때마다 꾸준히 등장하곤 한다. 대평원 지대의 미국 원주민은 자부심과 의연함으로 무장한 전사들이었다. 그 지략과 용기, 웅변, 관대함은 초기 탐험가와 교역자들의 감탄을 불러일으켰다. 그러나 백인 정착지가 확장되며 삶의 젖줄이었던 버펄로가 대규모로 도살당하자, 미국 원주민은 식량을 구하기가 힘들어졌다. 땅도 빼앗겼다. 백인들은 전쟁에서 동맹군으로 이용할 때를 제외하면 원주민의 용맹한 공격성을 이끌어내 잔혹한 보복을 감행하는 편이 유리하다는 사실을 깨닫기 시작했다. 원주민 문화는 카드로 지은 집처럼 순식간에 무너져내렸다. 한 세대 만에 원주민의 독립성과 활력 있는 자신감은 전부 사라져버렸다. 원주민의 '인종적 영혼'은 아무것도 할 수 없었다. 이렇게 상황이 변하자 순혈 원주민들은 오늘날 미국의 보호구역에서 흔히 볼 수 있는 흐리멍덩한 주정뱅이 구걸꾼으로 전락하는 경우가 잦아졌다. 물론 명예로운 예외도 있겠지만, 이런 예외는 마찬가지로 극적이었던 정신적 체질의 변화에서 예외였을 뿐이다. 도덕적으로도 심리적으로도 파괴된 상태인 미국 원주민들에서도, 가장 어려운 상황에서도 현재의 생활 조건에 적응하는 데 성공한 이들에서도, 옛 행동 양식은 전혀 살아남지 못했다.

이런 부류의 변화 중에서도 가장 극적인 것은, 노예가 되어 미국에 도착한 흑인들이 한두 세대 동안에 겪은 일일 것이다. 대부분은 충분한 문화적 업적을 이룩한 나이지리아 일대의 여러 왕국에서 끌려온 이들이었다. 정교하고 격식 있는 정치 체제, 장엄한 궁정, 상업 중심지를 기준으로 널리 뻗어나간 경제 활동, 넓은 세력권에서 들어오던 공물, 증인과 검사의 배석 하에 정식 재판이 열리는 사법 제도까지, 이 모든 것들이 연구자의 경탄을 끌어낼 만했다. 우리는 나이지리아의 신랄한 민담, 리듬감 있는 춤, 현대 유럽 미술가들이 경의를 표하는 목제 조각 등에 너무 뒤늦게 경탄하고 있다. 그러나 이 모든 것은 오늘날의 아프리카에서 모아들인 것들이다. 미국으로 수입된 노예들은 이런 온갖 업적이 처음부터 존재하지도 않았다는 양 깡그리 빼앗기고 말았다. 그들의 정치적, 경제적, 예술적 행위는 전부 잊혀졌다. 심지어 아프리카에서 사용하던 언어조차 남지 못했다. 이들 흑인은 남부의 가난한 백인들처럼 열광적인 그리스도교 부흥회 집회장에 모여든다. 가난한 백인들의 찬송가를 부르고, 그 과정에서 놀라운 통찰력이 담긴 수많은 변형을 창조해 내기는 했지만, 그들이 과거 아프리카에서 이룩했던 옛 형식은 완전히 사라져 버렸다. 미국에서 노예의 생활 수준은 너무 극단적이어서 이런 상실에 의문을 품기조차 힘들 지경이다. 한 농장에서 일하는 노예들은 서로 이해할 수 없을 정도로 다른 언어를 사용하는 여러 부족 출신이며, 생활 방식도 크게 다르다. 가축처럼 노예선에 몰아넣어져서 기괴하고 두려운 세계로 끌려온 다음 공개 경매장에서 팔려나간다. 농장에서는 혹사에 시달린다. 이들의 주인이 흑인에게서 그 어떤 문화적 성취도 찾아볼 수 없다고 단언하는 것도 이상한 일이 아니다. 이들이 범한 실수는 노예무역 과정에서 쇠락해버린 이들의 상태를 아프리카 흑인의 선천적이며 영속적인 본성으로 여겼다는 것이다. 니그로이드 인종은 자랑스러운 문화적 성취를 이룩했지만, 마땅히 그럴만한 이유 때문에 미국의 우리 눈앞에는 펼쳐놓을 수 없었던 것이다.

정신적, 감정적 행동에서의 극적이고 빠른 변화는, 우리가 그 방향을 진보로 여기든 퇴보로 여기든 간에, 이런 특성이 영구불변이며 생물학적으로 변할 수 없다는 인종차별주의자들의 거짓 주장을 드러내 보인다. 사회적 조건이나 수요에 따라 이런 특성은 얼마든지 뒤집히고 또 뒤집힐 수 있는 것이다.

인종차별주의자들의 우월성 논쟁은 한 가지가 더 있다. 사실 극단적으로 단순한 주장이다. '오늘날 백인은 가장 "진보"한 인종이다. 따라서 그들의 "혈통"이 우월한 것이 당연하다.' 조금 전에 검토한 것과 동일한 부류의 억측인데, 고도의 문명이란 모든 백인이 아닌 백인 문명의 일부에서만 발견되는 성질이기 때문이다. 문명이라는 복잡한 양태가 어떻게 성립하는지를 이해하고 싶다면, 우리는 생물학이 아니라 역사학의 진실에 귀를 기울여야 한다. 역사는 그렇게 단순하게 설명할 수 있는 것이 아니다. 문화의 발전 속도는 법칙으로 규정되는 것이 아니며, 생물학적 법칙은 더더욱 아니다. 캅카스든 말레이든 몽골이든, 모든 문명의 역사에는 원기가 넘치는 시기, 안정의 시기, 경직화의 시기가 존재한다. 이것은 보편적 현상이기 때문에, 위대한 코카소이드의 활력이 넘쳐흐르는 시대를 논할 때 백인의 특수한 선천적 우월성을 이유로 들 필요는 전혀 없다. 백인 문명이 지난 수 세기 동안 진행한 방향, 즉 물질계를 성공적으로 통제하는 방향은 우리 시대의 우세를 차지하게 해 주었지만, 미래가 어떻게 펼쳐질지는 아무도 모르는 일이다. 우리 문명은 백인의 지능으로는 다룰 능력을 증명하지 못한 수많은 것들을 발명해 왔다. 물론 이 또한 지능의 시험이며, 서구 문명은 그 시험에서 충분히 자신을 증명해 보이지 못했다. 우리는 어쩌면 약간의 지능만으로 막대한 사회적 비용을 치르고 멸망해 버린 문명의 실례로 역사에 기록될지도 모른다. 코카소이드의 선천적 지능이라는 주장은 그저 역사의 한순간에 일어나는 자화자찬일 뿐이며, 이런 아부에 넘어가는 일은 위험할 수밖에 없다. 생물학의 어떤 요소도 특정 인간 집단이 영원히 승리를 누릴 것이라 보장해 주지는 않는다.

인종의 우월성에 대한 마지막 주장이 하나 남아 있는데, 앞서 살펴본 다른 모든 주장이 반박된 다음에 등장한 것이다. 그 주장이란 극소수의 최고의 코카소이드 인종이 다른 모든 인류보다 우월하다는 것이다. 그리고 그런 이들이 지도자와 발명가이기 때문에, 코카소이드 인종의 위대한 운명은 확정된 것이나 다름없다는 것이다. 이런 주장을 뒷받침하기 위해, 행킨스 교수는 우리가 지금까지 살펴본 뇌 용적이나 무게, 지능검사에 대한 초기의 인종 차별적 해석을 예시로 든다.[30] 그리고 우리는 이미 이런 근거에 대한 현대 과학자들의 의견을 살펴보았다. 그러나 레이시즘 논쟁에서 이런 '위인'론은 여전히 등장하고 있다. 행킨스 교수는 이렇게 표현한다. '특정 집단에서 우월한 개인이 태어나는 빈도야말로 그 집단의 문화적 진화에서 가장 중요한 역할을 하는 것이다.'[31]

역사 속 '위인'론은 칼라일에 의해 상당한 발전을 이룩했지만, 오늘날에는 보통 부적절하거나 너무 순진하다는 평가를 받는다. 오늘날의 사회학자들은 1921년에 등장했던 이런 주장을 되풀이하지 않는다. '장기적으로 볼 때 이런 우월성은 모든 공동체, 국가, 또는 인종을 보다 지능적이고, 유능하고, 도덕적으로 만들어줄 것이다.'[*] 물론 경건한 소망이기는 하며, 일부 공동체에서는 진실일 수도 있다. 그러나 해당 공동체가 어떤 특권으로 그에게 보답하는지에 따라 결과는 달라질 것이다. 현시점에서 여러 강국을 이끄는 지도자들은 20년 전 어느 낙천적인 사회학자가 언급한 덕목을 조금도 갖추지 못한 자들이다. 설령 이런 지도자들이 '우월한 개인'이라고 개념을 고쳐 쓴다고 하더라도 — 적어도 권좌를 유지하는 능력만은 있는 것이 분명하니까 — 그 때문에 그들이 이끄는 문명이 우세를 점한다는 결론은 내릴 수 없을 것이다. 게다가 국가의 키를 잡고 문명의 붕괴를 막을 수 있는 지도자의 등장 여부에도, 인종은 아무런 영향도 끼치지 않는다. 그 어떤 계측 가능한 인종적 특성도, 독일에는 지성 있는 지도자가 등장하고 중국에는 무지성적인 지도자가 등장하리라고 보장할 수 없다. 역사의 궤적은 그러기에는 너무 복잡하다. 인종 차별주의 생물학의 '위인'론은 문명의 희망을 걸 정도로 신뢰할 수 있는 이론이 아니다.

---

[*] 미국 생물학자 Edwin Grant Conklin(1863-1952)의 『인류 진화의 방향』(1921)에서 인용.

문화의 차이는 어떻게 발생하는가

따라서 인종이란 인간의 모든 차이점의 근원이 될 수 없다. 그러나 프랑스인과 독일인, 중국인과 유럽인의 차이는 그대로 존재하며 모든 사람이 알아볼 수 있다. 인종 외에 이런 차이를 무엇으로 설명해야 할까? 아직 여러 민족의 차이를 결정하는 기작이 명확하게 밝혀진 것은 아니지만, 그래도 임시적인 설명은 시도해 볼 수 있을 것이다.

다른 모든 동물과 비교해 볼 때, 인간이라는 동물은 가장 넓은 가능성의 범주를 가진다. 환경에 의해 어떤 가능성이 발현되는지가 최종 결과물에 영향을 끼친다. 조류의 경우에는 흙둥지를 지을지 나뭇가지 둥지를 지을지가 미리 결정되어 있지만, 인간이 물려받은 특성은 그렇게 명확하지 않다. 인간의 특성은 극도로 유연하다. 인간의 '본능'을 연구하려면 그 본능이 변형된 온갖 형태를, 유년기의 양육 방식과 기회, 성인이 되어서 취한 특정 행동 방식 등에 연관을 받은 결과물을 추적해야 한다. 유전으로 물려받은 성향은 여전히 존재하지만, 그런 성향이 새나 개미의 경우처럼 인생의 방향 자체를 결정하는 불변의 법칙이 되지는 않는다. 인류의 성취란 모두 이런 사실 위에서 이룩된 것이다. 자기방어의 측면에서, 인간의 유연성은 사자의 힘이나 코끼리의 덩치보다 훨씬 유용한 자산이라는 점이 이미 입증되었기 때문이다. 바로 그 때문에 지능이 발달할 수 있는 환경이 만들어진 것이다.

따라서 이런 유연성이야말로 인간에게 있어 가장 뽐낼 만한 자랑거리라 할 수 있을 것이다. 인간이 다른 어떤 생물보다 온전하고 빠르게 환경에 반응할 수 있는 것도 이런 유연성 때문이다. 환경을 홀로 마주해야 하는 낙후된 국가에서, 인간은 자립적이고 용맹한 개척자가 된다. 산업화된 도시에서, 인간은 끊임없이 반복되는 한 가지 공정을 하루 8시간씩 반복하게 된다(물론 일자리를 찾을 경우의 이야기지만). 미국에서는 설령 아버지가 개척자였다 하더라도, 그의 아들 형제는 물려받은 형질에도 불구하고 기계 기사가 될 수 있다. 어쩌면 기계 기사의 아들이 교육으로 주목할 만한 학자가 되어, 평생을 도서관과 교실에서 보내며 철학이나 사회학 서적을 쏟아낼지도 모른다. 유전된 형질은 여러 세대에 걸쳐 아버지에서 아들로 전달되지만, 그 가계도에 속하는 여러 개인은 처한 환경에 따라 다른 형질을 발현하게 된다.

그러나 특정 개인에 끼치는 환경의 영향은 그 수명이라는 한도를 맞닥뜨리게 된다. '인생 70년'은 짧은 시간인 반면, 일부 문명은 수백 년에 걸쳐 계속되며 여러 세대에 걸쳐 특수한 영향을 끼치기도 한다. 수 세기를 거치며 특정한 생활 양식이 정립될 만큼 지속되든, 아니면 고작 두 세대 만에 끝나든, 공동체란 언제나 인간이라는 질료를 다른 모습으로 빚어내는 일에

압도적으로 효과적인 모습을 보여 왔다. 인간이란 고도의 군거성을 가지는 동물이며 언제나 동료들의 인정을 원한다. 물론 처음에는 생존에 필요한 수단을 얻어야 하겠지만, 그 후에는 공동체가 승인하는 방식으로 인정받기를 원할 것이다. 정복의 가치를 인정하는 공동체라면 그는 정복에 뛰어들 것이다. 부를 인정하는 공동체라면 자신의 성공을 달러와 센트 단위로 헤아리게 될 것이다. 계급을 인정하는 공동체라면 자신이 얻은 지위에 어울리는 온갖 행동을 하려 들 것이다. 물론 언제나 저항하는 개인은 등장하기 마련이며, 이런 이들은 예술가를 정신박약아로 칭하는 공동체에서 예술가가 되려고 애쓰거나 폭군을 용납하지 않는 공동체에서 폭군이 되려 할 것이다. 이런 이반자들은 격변의 시기를 만나면 언제나 그 수가 증가한다. 어쨌든 존속하는 문명의 대다수 일원은 문화가 규정한 틀에 맞는 사람으로 변하게 된다.

사회인류학은 이런 문화적 관례를 연구하는 학문이다. 작은 부족에서도 특별히 인정하는 부류의 성취란 존재하게 마련이고, 부족의 관례 때문에 그 구성원은 특정 목표를 추구하게 된다. 그 목표가 대담한 행위라면, 그 부족에서 자라난 개인은 굳세고 고통을 경멸하는 성향이 된다. 만약 훌륭한 작물을 가꾸는 것이 목표라면, 그 부족의 인간은 부지런하고 반복 작업을 견뎌내는 성향이 된다. 이런 목표는 엄청나게 다양할 수 있으며, 대부분의 사회에서는 여러 종류의 서로 다르며 보통 양립할 수 있는 성취를 인정해 준다. 그 목표와 사람들이 그것을 추구하게 만드는 관례가 어떤 것이든, 인간의 행동 양식은 그에 순응해 바뀌게 된다.

특정 부족의 사회적 관례는 그 인종이 품은 천재성의 피할 수 없는 발현이 아니다. 같은 인종의 다른 부족들은 극단적으로 다른 관례를 가지기 때문이다. 미국 서부 대평원의 원주민 부족이 추구하는 거친 개인주의는, 일부 푸에블로 원주민의 부드러운 냉철함과 극단적인 대조를 이루며, 이런 두 성향은 양쪽 문화에 양육된 개인이 서로 다른 사회적 삶과 기회에 맞춰 반응한 결과물이다. 양쪽 집단은 인종적으로는 모두 북미 원주민에 속한다. 코르테스가 멕시코에서 발견한 발전된 문명과, 캘리포니아와 콜로라도의 시에라 산맥 사이의 분지에서 뿌리를 파고 종자를 모으며 살아가는 소규모 유목민 문화의 극단적인 대조 또한 인종 때문에 발생한 것이 아니다. 양쪽 모두 인종적으로는 북미 원주민에 속한다. 그저 멕시코에서는 그 나라에서 역사적으로 발달한 보다 복잡한 조건에 맞도록 사회적 행동 양식이 반응했을 뿐이다.

우리 문화적 배경에서의 사회적 환경은 원시 사회에서와 마찬가지로 특정한 성취를 선호하다가도 바로 바뀌곤 한다. 페리클레스의 짧은 치세 동안, 자유 아테네 시민에게는 엄청난 자유가 부여되었다. 모든 질문에 대한 지적 설명과 조각 및 극작의 창조 활동에 영예를 부여하기도 했다. 그 결과, 우리는 오늘날의 덴버에도 미치지 못하는 그 작은 도시에서 고작 2세대 만에 어떻게 그런 엄청난 성취를 이루었는지 아직도 궁금해하게 되었다. 그 순간은 흘러갔고, 사회 조건은 변해 버렸다. 아테네인들이 제국과 부를 지키려고 발버둥치기 시작하자, 그 어떤 '인종적' 우월성으로도 당대의 불꽃을 후대로 전달할 수 없었다. 그야말로 좋은 조건에서 인류가 성취할 수 있는 한계를 보여준 운 좋은 사고라고 할 수 있을 것이다.

아테네 이래로 이곳저곳에서 발생한 좋은 조건은 특정한 성취로 이어졌다. 이탈리아의 르네상스는 예술의 발전에 좋은 조건이었고, 벤베누토 첼리니의 『자서전』을 읽은 사람이라면 그곳에서 어떻게 그런 위대한 예술이 꽃필 수 있었는지 의문을 품지 않을 것이다. 군주들이 첼리니에게 예술 창작을 위해 지불한 액수는 물론 과장일 수도 있겠지만, 그런 광경이 사실이었다는 점은 모두가 알고 있다.* 그러나 레오나르도 다빈치의 공책과 그 생애에서 알 수 있듯이, 당대의 풍조가 여러 부류의

---

* Benvenuto Cellini(1500-1571)는 피렌체의 금 세공인이자 조각가이자 작가로서, 그의 자서전은 르네상스 시대 최고의 문헌 중 하나로 평가받는다. 다만 콜로세움에서 악마의 무리를 소환하는 등 과장과 허풍이 상당히 섞여 있는 편이다.

지적 행위를 저해한 것도 사실이다. 잘못된 부류의 지적 성취와 추구가 고위층에서 어떤 부류의 반대를 불러올 수 있었는지는 갈릴레오의 종교재판 이야기를 통해 잘 알려져 있다.

오늘날 우리는 막대한 자유와 행복의 시대를 다시 누리고 있지만, 그 목표는 그리스인들이 높이 평가한 지적 성취도, 피렌체인들이 명예롭게 여긴 예술 창작도 아니라, 물질세계의 정복과 부의 추구다. 우리는 이런 영역에서 현대의 위대하고 카리스마적인 성취를 이루어냈으며, 이쪽 방면으로 성공할 수 있는 특정 성향이 여러 나라에서 다양한 변형을 거치며 갈수록 우세해지고 있다. 영예롭게 여기는 성취와 목표에 이를 기회는 나라마다 차이가 있으며, 각 나라의 계급에 따라서도 달라진다. 우리는 이런 차이점을 '아일랜드인의 성향', '이탈리아인의 성향', '소작농의 성향', '은행가의 성향' 등의 선전 문구로 정리한다. 이런 온갖 특성은 개별 집단의 어설픈 스케치에 지나지 않는데, 그 모든 것이 눈앞의 조건에 맞춰 변형된 것일 뿐이며 다른 조건에서도 변치 않는 선천적 특성의 표상이라고는 할 수 없기 때문이다.

인종차별주의자들은 이런저런 인종의 우월성을 주장하곤 한다. 그러나 우월성이란 그 어떤 공동체에서도 영원히 이어질 수 있는 단순한 생식세포의 형질이 아니다. 서구 문명의 과거 역사를 돌이켜보면, 경제적 풍요와 자유와 특정 방향의 기회등 유리한 조건을 얻은 집단이 짧고 화려한 성공을 거둔다는 사실을 알 수 있다. 이런 유리한 조건이 사라지면, 문명의 횃불 또한 그들의 손에서 벗어나 버린다. 과거에는 성취에 유리한 조건이란 이곳저곳에서 띄엄띄엄 등장하는 것이었다. 보통 전체 인구의 7분의 1 정도로 추산하는 아테네의 자유민이나, 엘리자베스 여왕 치하 잉글랜드의 가신들처럼 특정 계급에 국한될 수도 있었다. 여러 현대 국가에서 전체 국민의 문맹률이 떨어지고 선거권이 확장되고 보편적 개념이 확산되면서, 이렇게 사회적 기회가 제한되는 상황은 과거와는 달리 그리 만족스러운 결과를 가져오지 못하게 되었다. 미국에서 우리는 지주를 다른 세계의 사람으로 여기고, 아랫사람이 가난하고 의존적으로 살아가야 하는 상황을 신의 뜻으로 여기는 '농노의 정신'을 체계적으로 파괴했다. 유럽, 아시아, 아프리카에서, 사람들은 더 많은 기회가 더 평등하게 분배되기를 원하고 있다. 권좌를 차지한 사람들에게는 두 가지 선택지가 있다. 하나는 무력을 사용해 아랫것들을 억누르는 것이고, 다른 하나는 과거 유럽의 역사에서 그랬던 것보다 훨씬 많은 이들에게 주요한 생필품이 고루 분배되도록 하는 것이다. 미국에서도 보편적인 경제적 풍요로움을 획득했다고는 도저히 말할 수 없으며, 기본적인 자유 — 노동의 기회, 명확한 해답이 없는 문제에 대한 표현의 자유, 평등한 시민적 자유 등 — 또한 아직 획득하지 못한 상태다. 그러나 우리가 그것을 목적으로 힘을 모은다면 분명 달성할 수 있는 목표며, 이제는 10년 전과 비교해서 어떤 방법을 사용해야 하는지도 훨씬 명확하게 알고 있다. 우리가 인류에 대해서 진정으로 희망을 품고 있다면, 이런 사회적 조건을 만족시키기 위해 최선을 다하고, 사회 정책을 아무리 망치더라도 결국 최고의 성취는 우리 것일 수밖에 없다고 주장하는 인종차별주의자들의 아첨에 맹목적으로 귀를 기울여서는 안 될 것이다.

사람들의 주장

사회와 도덕이 인간의 정신에 끼치는 영향을 고려하지 않고 회
피하려는 온갖 천박한 시도 중에서도, 인간의 다양한 행동과 성품
을 선대에서 물려받은 자연적 차이 탓으로 돌리는 것은 가장 천박
한 주장이라 할 수 있을 것이다.

존 스튜어트 밀,
『정치경제학 원리*Principles of Political Economy*』

'인종'이란 어떤 집단의 특성에 대해 그 근원을 물리적 환경, 사
회적 환경, 역사적 조건까지 추적해 들어가기에는 너무 멍청하거
나 너무 게으른 초보자가 제공하는 싸구려 설명일 뿐이다.

E. A. 로스,* 『사회심리학』

---

* Edward Alsworth Ross(1866-1951). 미국의 진보적 사회주의자, 우생
학자, 경제학자, 범죄학자. 동양인의 이민 제한과 볼셰비키 혁명을 지지했
다.

유전은 부모 자식 사이에 존재하는 명확한 정신적 유사성의 일부는 설명해 줄지도 모른다. 그러나 다양한 가계가 존재하는 국가 전체 수준에서 행동의 유사성을 설명할 때 이런 설명을 그대로 옮겨 유전에 의지해서는 곤란하다. 이런 유사성은 사회의 압력 아래에서 형성된다.

프란츠 보아스, 『아리아인과 비아리아인 *Aryans and Non-Aryans*』

(문화 차이는 분명 존재하고 이 책에서 그 점을 강조하기는 했으나) 그 모든 것은 일시적인 환경의 산물일 뿐이다. 외부 요인의 결과물로 등장했기 때문에, 마찬가지 방식으로 사라질 수 있다.

장 피노, 『인종의 편견 *Race Prejudice*』

우리는 일본인의 모든 도덕적 특성이 과거의 사회 구조에서 유래한 것이며, 그 구조의 변화와 함께 바뀌고 있다는 사실을 자세히 살펴보았다. 따라서 인종적 도덕성이란 선천적으로 물려받거나, 불변하는 성질이나, 뇌 구조로 인한 것이 아니며, 단순히 세대에 따라 아버지에서 아들로 전이되는 것도 아니다. 그와는 반대로, 인종의 명확한 도덕적 특성이란…… 우세한 사회 질서에 따라 결정되며, 사회 질서가 바뀌면 그에 따라 바뀌는 것이다.

시드니 L. 굴릭, 『일본인의 진화 *The Evolution of the Japanese*』

인간이란 교양에 있어서는 차이가 있어도 교양을 받아들이는 능력 자체는 동등하다. 이성의 인도하에 덕성을 이룰 수 없는 인종은 존재하지 않는다.

키케로, 기원전 1세기

가장 지능적이고, 상상력이 풍부하고, 원기 넘치고, 감정적으로 안정적인 상위 3분의 1에 속하는 인간을 골라낸다면, 모든 인종이 그 안에 포함되어 있을 것이다.

프란츠 보아스, 『인류학과 현대의 삶 *Anthropology and Modern Life*』

Racism ————————————————————————————

2부

레이시즘

7장 레이시즘의 자연사

인종이라는 주제는 가계도를 이용해 추적할 수도, 인체측정학의 방법론으로 탐구할 수도, 서로 다른 조건에 처한 동물 분류 집단의 연구로 추산할 수도, 세계사를 검토하여 연구할 수도 있다. 인체측정학자나, 계보학 전문가나, 유전학자나, 역사가의 관점으로 살펴볼 수 있다. 다른 말로 하자면, 인종이란 과학적 탐구가 가능한 분야이며, 그 특수한 문제는 여러 인류 집단의 유전적 연관성에서 나온다. 인류 문명에 대한 그 어떤 연구에서도 중요한 분야이며, 세계사 속의 여러 중요한 사실에 깊이 관여한다. 예를 들어 현생 인종의 두개골과 골격을 파악하면, 우리는 선사 인류가 두 대륙에서 어떤 식으로 이주했는지를 알아낼 수 있다. 역사의 많은 사실은 이런 근거에 기반을 두고 있다. 앞에서 살펴본 것처럼, 중국을 지배하는 만주족이

야만스러운 고아시아족(원시적인 유목민으로 남은 이들을 포함하는 인종 집단) 혈통이라든가, 이집트 왕조 시대에 번영을 누렸던 함족 혈통에 갈라족(오로모인)이나 소말리족 같은 현대 원시 부족도 포함된다는 사실을 이런 방법을 통해 알아낼 수 있다.

인종이란 일부 아마추어 평등주의자들의 주장처럼 '현대의 미신'이 아니다. 인종이란 명확히 존재하는 사실이다. 인종 연구는 이미 문화사학자들에게 많은 것을 알려줬으며, 아직 과학적인 배경지식이나 조사 방법이 존재하지 않는 새로운 연구가 수행된다면, 일부 민족 집단에서 학습 행동이 아니라 생물학적으로 존재하는 감정적 또는 지적 특이성을 발견할 수 있을지도 모른다. 예를 들어, 특정 민족 집단이 다른 집단에 비해 각 개인의 수치 자체는 일반적인 분포 범위 안에 있으면서도, 호르몬 분비나 독특한 대사 작용의 평균치가 다를 수도 있을 것이다. 그러나 역사는 이미 여러 선례를 통해, 설령 그런 특이성이 발현된다 하더라도, 기회만 주어진다면 모든 인종이 가장 대조적인 문화에서도 충분히 제 몫을 할 수 있을 정도로 적응할 수 있다는 사실을 증명해 보였다.

따라서 인종은 단순한 현대의 미신이 아니다. 그러나 레이시즘은 이야기가 다르다. 레이시즘이란 특정 민족 집단이 자연에 의해 유전적으로 열등하다는 낙인이 찍혔으며, 다른 집단은 유전적으로 우월할 수밖에 없는 운명이라는 하나의 교리다. 이 교리는 문명의 희망이 특정 인종을 박멸하고 다른 인종을 순수하게 유지하는 데 있다고 가르친다. 이 교리는 특정 인종이 역사 속의 모든 진보를 이끌었으며 미래의 진보 역시 그들의 손에 달려 있다고 주장한다. 오늘날 세계에 만연하며, 몇 년 전에 독일 정치의 근간으로 자리 잡은 교리다.

레이시즘은 인종과는 달리 과학적으로 탐구할 수 있는 주제가 아니다. 종교처럼 오직 역사적으로만 연구할 수 있는 신앙 체계다. 과학적 지식의 경계를 넘어가는 다른 모든 신앙처럼, 레이시즘을 판단하는 근거 또한 그 결실과 그 숭배자와 그 이면의 목적일 뿐이다. 물론 레이시즘이 사실을 근거로 들 때는 그 사실을 확인해 볼 수 있을 것이며, 이전 장에서 검토한 것과 마찬가지로 그 해석이 역사와 과학적 지식에 합치하는지를 검토할 수도 있을 것이다. 그러나 레이시즘 문헌은 비정상적으로 서투르며 사실을 이용할 때도 모순으로 가득하기 일쑤다. 과학자라면 누구나 모든 사실이 틀렸음을 입증할 수 있을 것이나, 그런다 해도 신앙에는 조금도 흠집이 가지 않는다. 따라서 레이시즘은 과학적으로 검증할 수 없는 다른 모든 신앙과 마찬가지로 역사적으로 연구해야 한다. 우리는 레이시즘이 발생하는 조건과 레이시즘이 흔히 사용되는 용법을 살펴볼 필요가 있다.

레이시즘의 본질이란, '나' 자신이 최고의 종족에 속한다고 허세를 섞어 주장하는 행위라 할 수 있다. 지금까지 등장한 이런 부류의 확신 중에서도 가장 만족스러운 공식이라 할 수 있는데, 나 자신의 무가치함이나 타인의 고발로는 그 지위를 박탈할 수 없기 때문이다. 수태의 순간 어머니의 자궁 속에서 결정된 지위이기 때문이다. 자신의 삶의 방식에 대한 모든 부끄러운 질문을 회피할 수 있으며, '열등'한 집단이 자기네들의 성취나 도덕적 기준에 대해 지껄이는 소리도 무효화시킬 수 있다.

게다가 극도의 단순성이라는 장점도 존재한다. 인간 본성과 인류 역사에 대한 온갖 복잡한 질문을 회피하며, 전혀 교육받지 못한 자들조차 기억하고 영예를 누릴 수 있는 세 단어의 주장, '나는 선민종족에 속한다'를 내세울 수 있다. 정치적 목적에 있어서 레이시즘 공식에는 감히 대적할 자가 없다고 할 수 있다.

이런 공식이 현대적인 분장을 갖추는 일은 다윈과 인체측정학의 도움이 없었으면 불가능했을 것이다. 레이시즘은 진화론과 인체측정학에 호소하는 사상이다. 자신이 인종적으로 속하는 선민종족이 '생물학적으로' 인류를 이끌 운명을 타고났다고 주장하며, 그러기 위해서는 다른 이들을 파괴하여 적자생존을 이루어야 한다고 생각하기 때문이다. 게다가 이들 선민종족은 신체 측정으로 판별해 낼 수 있다. 이렇게 개량된 이론은 물론 19세기 이전에는 등장 자체가 불가능했다. 그러나 레이시즘의 역사는 이렇게 정교한 교리가 등장하기 이전까지 거슬러 올라간다.

레이시즘의 선사시대

 '나는 선민종족에 속한다'라는 공식은 현대 레이시즘보다 훨씬 오랜 역사를 가지고 있다. 무지하고 벌거벗은 야만인조차 비슷한 말을 뱉으며 싸웠을 것이다. 그런 이들 사이에서는 이 공식이야말로 평생의 경험에서 뗄 수 없는 것이었을 테지만, 오늘날 우리가 보기에는 극도로 제한적으로만 느껴진다. 이들은 인간의 창조가 고조부 시대쯤에 일어난 일로 여겼을 것이다. 서쪽으로 10마일 떨어진 곳에 있는 바다와 동쪽으로 20마일 떨어진 곳에 있는 구릉지 사이의 지역을 전 세계로 여겼을 것이다. 이 좁은 땅덩이 바깥의 세상은, 부지런한 백인들이 등장하기 전까지는 화성 표면만큼이나 생경한 곳이었을 것이다. 지구상에서 펼쳐진 인류의 기나긴 역사는 상상조차 하지 못했을 것이다. 세계의 한쪽 구석에 존재하는 이들의 작은 집단은 상부상조하며 살아왔을 것이며, 대부분의 부족에서 개인에게 이익이 되는 일은 전체의 이익으로 이어졌을 것이다. 그리고 이 작은 부족에는 그들의 언어로 '인류', '인간'을 의미하는 거창한 이름이 붙었을 것이다. 인류의 정의는 그들의 작은 집단에만 들어맞는 것이다. 다른 종족은 비인간이며 사냥감일 뿐이다. 동물처럼 사냥해야 마땅하다. 그들의 부족과 같은 목표를 공유하지 않으며, 조물주가 같은 진흙으로 빚어낸 것도 아니며, 같은 물병에서 솟아난 것도 아니고, 대지의 같은 구멍에서 기어나온 것도 아니다. 그러나 자신의 작은 집단은 신의 특별한 섭리를 받은 이들이다. '세계'의 한가운데 땅을 그들에게 선사했으며, 이곳이 쓸려나가면 세상이 멸망하리라는 계시도 내렸다. 신은 세계를 유지할 수 있는 비의를 오직 그의 부족에만 전수했다.

작은 원시 부족의 이런 세계관은 그 부족민의 경험과 모순되지 않는다. 이 부족은 다른 집단으로부터 아무것도 원하지 않는다. 고립된 상태에서도 적절히 살아남을 수 있으며, 다른 이들로부터 약탈한 물건은 정당한 이득일 뿐이다. 심지어 수천 명의 사람이 널찍한 영토를 점유하는 원시 부족의 경우에도, 이런 세계관은 근본적으로는 달라지지 않는다. 이들의 '내집단 in-group', 즉 이득을 공유하고 함께 행동하며 이웃에 대해 특정한 도덕적 제약을 받아들이며 행동하는 집단은, 자신의 가치를 인식하고 그만큼 특별한 중요성을 가지고 있다고 주장한다.

이런 원시적인 내집단은 인종이 아니다. 심지어 국지적인 하위 인종이나 혈통조차도 아니다. 가장 작은 인종 단위조차도 보통 서로를 죽이려 애쓰는 여러 내집단으로 나뉘어 있게 마련이다. 이들의 적개심은 인종적인 것이 아니라 문화적인 것이다. 심지어 이들은 자신의 '혈통'을 유지하려 들지도 않는다. 각각의 부족은 다른 집단에서 여성을 약탈해 오는 관습을 가지고 있을 수도 있으며, 그럴 경우 그들의 조상 혈통에는 우월성을 과시하는 집단과 혐오하는 집단의 혈통이 거의 같은 비율로 섞여 있을 것이다. 또는 반복되는 평화 협정의 증표로 교혼이 이루어질 수도 있고, 경제적 또는 사회적 이득을 위해 통혼할 수도 있을 것이다. 이런 관습은 이웃 부족이 같은 혈통이든, 아니면 일정 기간 떨어져 있어서 형질인류학적 측정 결과가 다르게 나오는 혈통이든 관계 없이 발생한다. '혈통'을 섞이지 않도록 유지해야 한다는 의무는 그들이 과학이라 칭하는 주장에 의거해 개량된 것이다.

　외부자들에게 죽음을 선사하고 내부자들끼리는 서로 지원해 주며, 그럼에도 종종 적으로부터 아내를 취하는 이런 원시적인 내집단은 상당히 손쉽게 공물을 받는 지배 부족이 되거나 더 큰 제국으로 발전할 수 있다. 세계에서 가장 낙후된 지역에서도 이런 일이 일어난다. 심지어 알렉산드로스 대왕의 정복조차도 수많은 아프리카의 원시 부족 사이에서 벌어지는 일과 근본적으로 다르지 않다. 알렉산드로스의 스승이었던 아리스토텔레스는 『정치학』 7장에서 흰 피부의 야만인과 아시아계 인간들이 결코 그리스인의 수준에 도달할 수 없는 이유를 설명해 놓았다. 그의 주장은 남아프리카의 줄루족이 바통가족에 대해서 주장하는 바와 다르지 않았다. 이방인의 문화적 성과가 열등하다는 사실은 너무도 명백하지 않은가? 아리스토텔레스는 인종 차별적 주장을 하지 않았기 때문에, 그가 헬레니즘화된 아시아인의 성취를 폄훼할 만한 이유를 찾아볼 수 없다. 실제로 그들의 성과는 훌륭했으니 아리스토텔레스의 주장을 뒷받침하기에 적절한 예시도 아니었다. 게다가 그는 그리스 혈통을 순수하게 유지해야 한다고 주장하지도 않았다. 그의 제자인 알렉산드로스는 정복 과정에서 통혼을 장려했고, 1만 명의 병사들이 인도 원주민을 아내로 삼았다. 알렉산드로스 본인도 페르시아 공주 두 명과 결혼했다.

아리스토텔레스의 태도는 고대 유럽의 특징이며, 따라서 로마 제국 역시 레이시즘의 교리를 벗어던지는 수고 없이 위대한 세계주의 제국을 건설할 수 있었다. 로마의 목적이 명확해지고 황제의 칙령이 그런 요소를 법에 담기 시작하면서, 수도가 누리던 특권은 갈수록 속주 지방으로 확장되어 가기 시작했다. 로마 제국은 여러 측면에서 인류 역사의 새로운 발명품이었다. 과거 내집단의 장점을 그 광대한 영토의 상당 부분에 퍼트렸기 때문이다. 이전까지 분할된 작은 구역의 발전을 억누르던 교역과 교류의 제약이 해제되고, 대단위 관세 구역이 설정되어 경계를 통과할 때만 세금을 물게 되었다. 로마는 제국의 빠르고 연속적인 라틴화로부터 위신과 이윤을 동시에 획득하게 되었다. 로마의 행정에서 빼놓을 수 없는 특징은 끊임없이 속주민을 고위직으로 기용하고 능력에 따라 진급시켰다는 것이다. 속주민은 군인, 정치가, 문필가로서 높은 지위에 오르기도 했다. 로마 군단은 갈수록 속주민을 받아들이는 빈도가 높아졌다. 시민권에 따르는 귀중한 특권은 로마의 시작부터 다른 인종의 중요한 인물에게 끊임없이 주어져 왔다. 신약성경을 읽은 독자들이라면 바울의 유명한 자랑을 통해 모두 그 사실을 알고 있을 것이다. '그러나 나는 (로마의) 자유민이다.'(사도행전 22장 28절) 이 말은 곧 변방 도시 타르수스에 살던 유대인인 그의 아버지나 할아버지가 로마에 봉직했거나, 바울과 대화하는 천부장처럼 '돈을 많이 들여' 시민권을 얻었다는 뜻이다. 결국 로마 시민권은 노예가 아닌 모든 제국 거주민에게 부여되기에 이르렀다.

이런 이방인에 대한 차별의 부재는 특별한 도덕적 가르침의 결과가 아니라, 로마의 천재적인 행정가들이 스스로의 이득을 위해 사용한 사회적 힘에서 유래한 것이다. 상당히 최근까지 찾아볼 수 있었던 아량 있는 제국주의라 할 것이다. 초기 제국주의의 주요 목적은 공물을 받고 피지배 지방을 수도와 결속시키는 것이었지, 후기 제국주의처럼 광산이나 대농장에서 인력을 착취하기 위한 것이 아니었다. 따라서 피정복자 중에서 가장 능력 있는 이들에게 영예를 건네고 권력을 위임하는 쪽이 경제적이었던 것이다. 속주의 습속이나 문화 생활에 있어서는, 로마의 정책은 방임주의 쪽에 가까웠다.

로마 제국의 외부자에 대한 태도는, 내집단의 일부 특권을 공유함으로써 대상의 범위를 넓혔다는 점에서 역사적으로 중요한 한 걸음이었다. 세계의 상당한 부분에 제국의 평화가 드리웠으며, 하나의 권위를 섬기는 민간 정부가 그 영토를 다스리게 되었다. 이런 사회 혁신은 작은 지역 집단의 허황된 주장을 감소시키고 그 전까지 존재했던 장벽을 부수는 데 크게 기여했다.

이내 그리스도교가 등장하여 로마 제국을 탄생시킨 바로 그 세계로 퍼져나갔다. 예수는 인류가 형제라고 가르쳤다. 당시 팔레스티나 지방의 이방인은 증오의 대상인 사마리아인이었다. 사마리아인 여인이 예수에게 '당신은 유대인이고 저는 사마리아 여자인데 어떻게 저더러 물을 달라고 하십니까?'(요한복음 4장 9절)라 묻자, 예수는 그녀와 마을 사람들에게 복음을 전했고 '많은 사마리아인이 예수를 믿게' 되었다. 예수의 제자들은 두려움에 사로잡혔으나, 그의 행적이 끝날 즈음이 되어서는 제자들도 '온 천하에 다니며 만민에게 복음을 전파'해야 한다고 믿게 되었다. 그리고 그의 추종자 중 가장 영향력이 컸던 바울은 '유대인이나 헬라인이나 종이나 자유인이나 남자나 여자나 아무런 차별이 없습니다. 그리스도 예수 안에서 여러분은 모두 한몸을 이루었기 때문입니다'(갈라디아서 3장 28절)라고 가르쳤다.

이런 계획과 이런 가르침은 기원후 1세기 로마 제국의 세속적인 태도와 일치하며, 과거의 신앙, 이를테면 1천 년 전쯤 페르시아에서 융성한 조로아스터교의 가르침과는 차이가 있다. 조로아스터교는 국가 종교로서 페르시아 너머의 땅에는 관심을 가지지 않았고, 원시 종교와 마찬가지로 개종에는 큰 관심이 없었다. 춘추전국 시대의 중국인인 공자도 그 추종자들에게 자신의 가르침을 온 세상의 모든 인종에게 퍼트리라는 개념을 남기지는 않았다. 그리스도교가 보인 초기 성장세의 이면에는, 모든 민족으로 구성된 대규모 공동체라는, 로마 제국이 창조한 세속적인 개념이 존재했던 것이다.

히브리 율법과 선지자들도 예수의 가르침에 기여한 것은 사실이다. 고대의 모세 율법에는 이런 자비로운 규칙이 등장한다. '너에게 몸붙여 사는 외국인을 네 나라 사람처럼 대접하고 네 몸처럼 아껴라. 너희도 이집트 나라에 몸붙이고 살지 않았느냐? 나 야훼가 너희 하느님이다.'(레위기 19장 34절) '너희에게 몸붙여 사는 외국인이나 너희나 다 같은 규정을 따라야 한다. 이것이 너희가 대대로 길이 지킬 규정이다. 주 앞에서는 너희와 외국인이 다를 것이 없다.'(민수기 15장 15절)

그러나 아시리아에 예속된 후로, 유대인 내에는 분리주의를 주장하는 반대 분파가 등장한다. 선지자 에스라는 이스라엘의 씨앗을 암몬인이나 모압인의 씨앗과 섞는 일이 혐오스럽다고 설교하며, 모든 이방인 아내와 그 자식을 추방하고 앞으로는 통혼을 강하게 금지해야 한다고 말한다. 따라서 이스라엘에서는 현대적인 레이시즘이 등장하기 훨씬 전에 광신적인 레이시즘이 등장했다고 할 수 있을 것이나, 그리스도의 말씀에서는 그런 흔적은 조금도 찾을 수 없다. 인종과 무관한 거대 공동체를 이루고자 하는 예수의 가르침은 옛 히브리 율법과 맥을 같이하며, 로마 제국의 업적이 그 탄탄한 기반이 되어 주었다고 할 수 있을 것이다.

그리스도교가 국교가 된 이후의 로마 교회는 제국의 전통과 그리스도 및 그 추종자들의 가르침 양쪽을 모두 물려받았다. 중세에 그 지배하에 있던 수많은 국가와 민족은, 인종과 무관하게 인류는 모두 형제라는 개념과 그에 의거한 행동을 받아들이게 되었다. 심지어 레이시즘에 경도된 오늘날까지도, 교황청은 그 영예로운 선례를 따라 인종 차별에 반대를 표한다.

유럽의 사회 질서는 13세기에 들어 극적으로 변화했다. 13세기는 봉건제의 쇠락과 교황의 세속적 권력의 쇠퇴가 일어난 시대였다. 조금 더 긴 시야로 보자면, 13세기의 종언과 함께 중세의 제도 전반이 사라지고 현대로 이어지는 제도가 그 자리를 계승했다고 할 수 있을 것이다.

중세 초기의 봉건제는 특정 공동의 이익을 위해 사회의 최상층부터 최하층까지 모두를 결속시키는 제도였으며, 그들 모두에게 충성, 보호, 봉직의 의무를 부과했다. 이런 조건은 천천히 변화했다. 봉건제의 붕괴와 함께 농노들은 더 이상 땅에 예속되지 않게 되었으며, 봉건 영주가 그들을 보호해야 할 의무도 사라졌다. 봉건제 하에서 농노들은 세속의 자원을 거의 분배받지 못했지만, 적어도 철저한 극빈의 삶으로부터는 보호받을 수 있었다. 영주가 키우는 말처럼 적어도 마구간은 보장받을 수 있었던 것이다. 비를 피할 지붕과 먹을 음식 정도는 제공받았다. 그들이 새로 얻은 자유는 굶주릴 자유나 다름없었으며, 계급 사이의 갈등은 격렬하고 처절해졌다.

근대가 시작된 후로, 권력을 손에 쥔 자들은 그 규모를 증대시킬 기회를 끊임없이 누렸다. 유럽 대륙의 지역 집단은, 적어도 동등해질 잠재력은 지니고 있는데도 불구하고 상호 보복을 되풀이하며 무수한 피를 흘렸다. 정복에 성공해서 새로운 영토를 자신의 세력에 편입시킬 수 있게 되면, 이렇게 더 커진 집단은 다시 똑같은 요구를 하는 적들에 맞서 싸움을 벌였다. 이들은 이렇게 끊임없이 전쟁을 벌이며 지역의 대공국에서 통일된 국가로 성장했다. 이들에게 일관적인 정책은 단 하나, 즉 다른 이들이 자신에게 할 법한 일을 다른 이에게 저지르며, 기왕이면 먼저 움직이는 편이 낫다는 것이었다. 우리는 여전히 이런 국제적 무정부주의 시대에 살고 있다. 다만 이렇게 전쟁을 벌이는 집단이 우리 세기에 이르러서는 거의 전 지구적 영향력을 가지게 되었다는 점이 다를 뿐이다. 전쟁으로 인한 피해 또한 과거에 비해 훨씬 커졌다. 전쟁을 벌이는 집단간의 상업적, 사회적 이해관계가 훨씬 상호의존적으로 변했기 때문이다. 13세기에서 오늘날에 이르는 근대는 하나의 문명에 속한 여러 집단의 다툼과 알력의 시대였다. 로마 제국의 시대부터 하나로 경영되어 왔으며, 중세 시대까지는 세속 및 종교적 권력을 행사하는 단일 교회 휘하에 있었는데도 말이다. 오늘날의 세계에서는 개별 집단의 적개심과 가혹한 정책이 단순히 이웃에게 생사의 위협을 가하는 정도가 아니라, 그 자신에게도 자살 행위나 다름없게 되었다. 이런 세계에서 만민 형제의 교리는 과거에 그랬던 것처럼 경험적인 기반을 획득할 수 없다.

따라서 근대 세계는 그 시초부터 조물주가 진흙 한 덩이로 세상의 모든 민족을 만들었다는 교리에는 어울리지 않는 곳이었다고 할 수 있다. 이 세계는 결국 전쟁을 벌이고 서로 경쟁하는 여러 집단, 즉 국가나 계급 등으로 귀착되었으며, 이들은 만민 형제론을 믿기에는 그 근본이 되는 경험이 너무 부족하다.

그보다는 오늘날의 규칙인 경쟁자 간의 이해관계 대립 속에서, 그들이 선호하는 집단이 특별한 진흙으로 빚어졌다는 교리가 필요한 것이다.

레이시즘과 유럽의 해외 확장

근대의 극초기에 그때까지 역사에서 일어난 적 없는 사건이 발생하여 이런 분리주의에 박차를 가했다. 바로 신대륙 발견과, 뒤이어 여러 미지의 섬과 대륙에서 일어난 정착과 착취였다. 수많은 인종으로 가득한 새로운 세계의 발견에 온 유럽이 흥분의 도가니에 빠졌다. 이런 흥분은 유럽 각국의 수도에 안전하게 들어앉은 사람들 사이에서는 로맨틱한 형식으로 표현되기도 했는데, 생피에르의 『폴과 비르지니』*와 샤토브리앙의 『나체스족』** 같은 고결한 홍인종의 가공의 이야기가 즐거움

---

* Bernardin de Saint-Pierre(1737-1814)의 소설 『*Paul et Virginie*』(1788)는 프랑스 치하 모리셔스를 배경으로 두 소꿉친구의 사랑 이야기를 그린다. 두 주인공은 '선한 노예주'로 등장하며 배경인 모리셔스섬 또한 목가적인 이상향처럼 서술되어 있다.

** François-René de Chateaubriand(1768-1848)의 소설 『*Les Natchez*』(1825)는 미시시피 하구의 원주민인 나체스족을 다룬다. '고결한 야만인'의 신화가 녹아들어 있기는 하지만, 작가는 이들 원주민이 충분히 문명화된 종족이라는 결론을 내린다.

을 주기도 했다. 오늘날 공인된 바에 의하면, 샤토브리앙은 신대륙 원주민 사이에서 살아 본 경험이 없으며, 따라서 야만인에 대한 개척자들의 시선에 물들지 않았다고 할 수 있을 것이다. 이렇게 본국의 사람들이 아무리 '원주민'을 미화한다 해도, 개척민과 농장주와 노예상인은 자신의 지위를 잘 알고 있었다. 해외의 유럽인들은 무자비한 절멸 및 복속 전쟁을 벌이고 있었던 것이다. 물론 나라마다 식민지 이주자들의 원주민 이민족에 대한 태도 차이는 존재했다. 스페인과 포르투갈과 네덜란드인은 영국인이 보이는 혼혈에 대한 두려움을 공유하지 않았으며, 프랑스는 영국처럼 강고한 계급 구조를 도입하지 않았다. 그러나 국적을 막론하고 개척민들은 수단과 방법을 가리지 않고 사익을 추구하고자 했으며, 로마 제국의 문화적 방임주의에 의거해 원주민을 상대한 이는 아무도 없었다.

열대지방에서 유럽인이 원한 것은 값싼 노동력과 시장과 노예였다. 온대지방에서는 이주자로서 차지할 땅을 원했다. 유럽인들은 어디로 가든 그곳의 토착 종교를 완벽히 제거하려고 심혈을 기울였다. 원주민은 종교도, 법률도, 도덕도 없는 인류 범주 바깥의 존재로 여겨졌다. 그 목에는 현상금이 걸렸으며, 원하는 대로 납치하거나 학살해도 무방했다. 이들에게 남은 수단은 반격뿐이었으나, 그로 인해 더욱 가차없는 보복이 돌아올 뿐이었다. 이내 반격조차 불가능해진 잔존 원주민들은 보호구역으로 내몰리거나, 광산이나 농장에서 일하는 무력한 노예가 되었다. 당장 유럽의 상인에게 착취당하거나 식민지 정착민에게 땅을 뺏기지 않는 나라에 살고 있던 원주민들은 그것만으로도 운이 좋았다고 할 수 있다.

그러나 이런 극단적인 환경에서도, 인종의 우월함과 열등함을 설파하는 도그마는 3세기 동안이나 등장하지 않았다. 원주민은 분명 인류의 범주에 속하지 않는 존재로 여겨졌지만, 그 이유는 이들이 그리스도교인이 아니기 때문이지, 피부가 검은 인종에 속해서가 아니었다. 종교 탄압은 중세 시절의 오랜 관념으로, 언제나 이단자와 유대인을 상대로 행해졌다. 레이시즘은 아직 모습을 드러내기 전이었다. 오늘날의 무슬림과 마찬가지로, 초기 유럽인 정착자들은 인류를 정복자인 '신앙자'와 피해자인 '불신자'로 구분했다. 심지어 노예무역조차도 초기에는 그 피해자가 길 잃은 영혼이자 이교도라는 이유로 정당화되었다. 항해왕자 엔히크(엔리케)에 대해서도 '그는 성전을 치르고자 하는 열망을 추구하여 자신의 희생조차 망설이지 않았다. 신앙을 향한 그의 열정은 모험가 일행이 가져온 원주민 화물을 보고 환희에 타올랐는데, 이들의 영혼을 영영 잃기 전에 구원할 기회를 얻었기 때문이었다'라는 서술이 등장한다.[32]

원주민의 열등성에 대한 '불신자' 이론은 백인에게 있어 여러 면에서 모순이었다. 초기에는 단순히 새로운 지역을 발견하는 행위 자체가 그 영토와 거주민을 탐험을 후원한 유럽 국가에 귀속되도록 만드는 것으로 여겨졌으나, 그런 정식 권리를 얻으려면 원주민을 그리스도교로 개종시키는 의무를 받아들여야 했다. 따라서 종종 신실하고 용감한 선교사들이 모든 탐험선에 동행했으며, 카톨릭 국가의 경우에는 특히 그런 경우가 많았다. 그리고 신앙을 받아들인 원주민의 경우에는, 백인 그리스도교도와 유색인 이교도를 가르는 차이가 이론적으로는 사라진 것으로 여겨졌다. 이는 다른 무엇보다 그를 노예로 삼을 수 없다는 뜻이었는데, 당시에는 그리스도교도를 노예로 삼는다는 생각 자체가 혐오스러운 것으로 여겨졌기 때문이다. 항해왕자 엔히크의 무어인을 향한 기나긴 성전도, 그들의 그리스도교도인 노예를 해방해서 그리스도교 세계에 대한 모욕을 일소하기 위한 것이었다.

따라서 선교사들의 활동은 착취자와 노예상인들의 활동을 저해했다. 그리고 특히 신교를 믿는 유럽 국가들이 장악한 지역에서, 그리스도교로 개종한 노예를 해방하는 관습은 서서히 사라져 갔다. 남아프리카의 네덜란드인은 노예 해방 문제를 회피하려는 의도에서, 노예 사이에서 태어난 자식에게는 세례를 줄 수도, 종교의 가르침을 줄 수도 없다는 규칙을 정했다. 케이프타운의 신도 대표 위원회가 지역 법률로도 교회 법률로도 그리스도교 흑인 노예를 해방할 수 없다고 문서로 명시한 것은 1792년이 되어서였다. 이 문서는 추가로 케이프타운의 노예 중 상당수가 그리스도교도라고 기록하기도 했다. 따라서 19세기가 시작될 즈음의 남아프리카에서는, 인류를 신앙자와 불신자로 나누는 과거의 이론이 현실과 어긋나게 되었던 셈이다. 세계의 다른 지역에서도 비슷한 딜레마가 발생하고 있었다. 때로는 남아프리카처럼 노예 문제로 폭발하기도 했고, 때로는 신대륙의 예수회와 프란체스코회 선교사들의 항의에서 읽을 수 있듯이 개종한 원주민에 대한 학살로 폭발하기도 했다. 우월성과 열등성을 설명할 새로운 이론이 등장하기에 적당한 때가 무르익었고, 사람들은 원주민을 인간 이하의 존재로, 문명인보다는 유인원에 가까운 존재로 여기기 시작했다. 다른 무엇보다 피부색이라는 눈에 띄는 차이점이 있었기 때문에, 개척지에서는 종교로는 부족해진 대척자의 기준을 확실히 정할 수 있었다. 그러나 백인의 우월성의 이유가 바뀌는 과정은 천천히 이루어졌고 체계적이지도 못했다. 사회 상황에 따른 피할 수 없는 반응으로서, 지적이라기보다는 실용적인 과정이었던 것이다. 주먹구구로 헤쳐나가야 하는 개척지에서는 정착민도 행정가도 그때그때의 필요에 따라 행동했을 뿐, 자신들의 난점을 레이시즘 도그마로 일반화시키지는 않았다. 그들에게는 눈앞의 원주민들이 장기적으로 무력한 존재가 되기만 하면 충분했던 것이다.

영국이 식민지로 삼은 해외 국가들에서는, 이전 시대의 '신앙자'와 '불신자'의 구분조차도 유럽 대륙의 국가들에 비해 그 의미가 훨씬 덜 중요했다. 영국인들은 처음부터 원주민들에게 극도로 세속적인 태도를 취해 왔다. 그들의 통치에서는 선교가 그 지역을 지배하는 통상적인 과정으로 여겨지지 않았으며, 설령 선교가 이루어지고 원주민들이 개종한다 해도, 그리스도교인 원주민과 비그리스도교인 원주민의 차이는 공적으로 별로 대단하지 않았다. 영국인들은 저열하지만 종종 유용한 계급 제도로 원주민들을 다루었다. 이들은 철저한 분리주의를 도입했다. 프랑스, 스페인, 포르투갈의 식민지에서는 원주민 여성과의 결혼이 흔하여 혼혈인이 등장했지만, 영국 식민지에서 원주민과의 통혼이란 극도의 반감을 불러오는 엄청난 예외에 속했다. 따라서 오늘날 미합중국이 된 지역을 식민지화하는 과정에서도, 영국인 개척자들은 인종 분리 정책을 사용했다. 물론 엄밀하게 그런 표현을 사용한 것은 아니었는데, 갈등의 본질이 땅을 차지하기 위한 것이었기 때문이다. 영국인들은 미국 원주민의 땅을 원했고, 그곳에서 원주민을 몰아내고 싶었다. 신대륙 개척 초기에 왕에게 하사받은 영토를 보면, 그곳에 거주하고 있는 원주민은 아예 언급하지 않는다. 정착민들은 최대한 빨리 그런 행복한 상태를 이룩하기를 원했다. 이들은 원주민을 농업 노동력으로 사용하거나, 스페인이 멕시코에서 한 것처럼 나라를 시작하는 데 사용하지 않았다. 영국인들의 계획 속에서는 그런 부류의 접촉조차도 지나치게 가까웠던 것이다. 그들이 생각하는 원주민의 쓰임 중 하나는, 프랑스에 대적해 함께 싸울 동맹군이었다. 영국인들은 이것 하나만은 완벽한 성공을 거두었다 할 수 있다. 이로쿼이족을 프랑스에 대적해 맞서 싸우게 만든 일은, 종종 세인트로렌스강 이남의 프랑스 세력 확장을 저지하는 데 결정적인 역할을 수행했다고 평가받고는 한다. 그러나 전쟁에서 승리를 거둔 영국인은 도움을 준 이로쿼이족에게 아무것도 넘겨주지 않았다. 미국 독립전쟁과 1812년 전쟁에서도 여러 원주민 부족이 백인 동맹자의 편에 서서 싸웠지만, 이런 동맹으로도 그들 사이의 고랑을 메울 수는 없었다. 식민지군의 편에서 싸운 이들이든, 영국군의 편에서 싸운 이들이든, 모든 원주민은 똑같이 땅을 뺏기고 보호구역으로 몰려나게 되었다. 인도나 아프리카와 비교하면 북아메리카 대륙은 인구밀도가 매우 낮은 지역이었다. 따라서 영국인들은 계급 제도로 분리주의의 목표를 달성한 전자의 지역과는 달리, 상당히 극적인 방법을 사용할 수 있었다. 아메리카 대륙에서 이들은 절멸과 분리를 사용했다. 그러나 그런 와중에서도, 원주민과의 갈등은 어디까지나 땅을 둘러싼 갈등과 뒤이은 보복의 형태로 이루어졌을 뿐이다. 이념적인 갈등, 이를테면 '유색인종의 물결'에 대적하는 '성전'으로 간주한 것은 아니었다. 또한 원주민을 '우리 내부의 몽골인'으로 여기지도 않았다.

따라서 유럽인의 해외 확장은 레이시즘 도그마가 등장할 무대를 마련하고, 인종적 반감의 폭력적인 초기 분출을 보여주기는 했지만, 사상으로서의 레이시즘을 내세우지는 못했다고 보아야 할 것이다. 레이시즘이 현대 사상에서 통용되기 시작한 것은 유럽 내부의 갈등, 즉 처음에는 계급 갈등에, 다음으로는 국가 간 갈등에 적용된 이후의 일이었다. 그러나 지금껏 살펴본 것처럼 레이시즘의 도그마가 터무니없다는 점을 생각하면, 개척지에서 폭력적인 인종 차별이라는 경험을 겪지 않았더라면, 이후의 갈등을 설명할 때 레이시즘 교리가 도입되지 않았을지도 모른다는 추측 정도는 해 볼 수 있을 것이다.

레이시즘과 계급 갈등

레이시즘이 처음 형성된 것은 계급 갈등 때문으로, 귀족이 민중에 대해 사용하는 논리였다. 현대 유럽에서 최초로 설파된 레이시즘 교리는 왕족 또한 겨냥했는데, 1727년의 프랑스의 귀족들은 갈수록 요구가 많아지는 민중에 당황한 만큼 왕과 그 신료들에게도 압박받고 있다고 생각했기 때문이다. 불랭빌리예 백작*은 (당시 이미 근대 국가주의에 자리를 뺏겨버린) 봉건제를, 그리고 과거 봉건 영주였던 귀족 계층을 지나치게 사랑한 사람이었다. 그는 자신의 가족이 과거의 고귀한 혈통에 속해 있었다는 허세를 입증하는 데 헌신했다. 거만한 루이 14세의 왕권이 징수하는 봉건제식 세금 앞에서, 불랭빌리예는 동시대의 귀족들이 국가에, 즉 '짐이 곧 국가다'라고 단언한 루이 14세에 맞서 일어나서 옛 영광을 되찾는 꿈을 꿨다. 이런 소망은 새로운 것이 아니었다. 상황이 달랐던 잉글랜드에서는 마그나 카르타의 제정으로 이어졌기 때문이다. 그러나 불랭빌리예의 방법론은 상당히 달랐다. 그는 레이시즘을 설파했다. 그가 생각하는 귀족은 게르마니, 즉 로마 제국을 휩쓸었던 튜튼족 야만인의 혈통을 타고 난 이들이었다. 로마의 불평분자 도덕주의자로서, 로마의 퇴폐에 염증을 내던 타키투스는 기원후 100년경에 ─ 무려 트라야누스 황제의 시대였다 ─ 야만인들의 강인함과 맹렬함, 그리고 '통솔의 원칙'을 이렇게 극찬했다. '그들의 장수는 권위가 아니라 모범으로 부하들을 이끈다. 용맹하고 모험적이며 행동으로 이목을 끌 수 있다면, 그들은 휘하에 불러일으키는 찬탄만으로 복종을 이끌어 낼 수 있다.' 불랭빌리예의 주장에 따르면, 1세기 튜튼 부족의 이런 귀

---

* Henri de Boulainvilliers(1658-1722). 프랑스의 귀족, 작가, 역사가. 스피노자의 『에티카』를 최초로 프랑스어로 옮긴 사람으로 알려져 있다. 귀족 계급의 몰락을 중심으로 당대 프랑스의 역사를 서술했다.

족적 자유는 18세기 '프랑크적' 귀족들의 인종적 유산 속에 전해지고 있으며, 혈통에 의해 당연히 그들의 것인 귀족적 통솔력을 되찾을 것이 요구된다는 것이었다. 귀족들은 마땅히 로마의 제국 관념에서 따온 절대 왕정을 무너뜨려야 했다. 반면 민중은 아예 다른 진흙으로 빚어낸 이들이었다. 그들은 옛날부터 피정복자였던 갈리아-로마인(즉 켈트족, 알프스인, 지중해인)의 인종에 속했다. 따라서 귀족이 인종적으로 우월한 것과 마찬가지로, 민중은 열등할 수밖에 없는 것이다.

그러나 이런 불랭빌리예 백작의 인종 차별 주장에도 불구하고, 귀족들은 영원히 고대 계급의 정당한 계승자로 남을 수 없었다. 1791년 프랑스 대혁명과 함께 불랭빌리예가 구분했던 '두 가지 프랑스인'은 서로 상대적인 자리를 바꾸게 되었다. 그때쯤에는 민중의 대변인이 상대방을 향해 같은 논리를 던져대고 있었다. 예를 들어, 시에예스 신부*는 자기네가 정복자 프랑크족의 결실을 인종적으로 물려받았다는 귀족들의 주장을 인정했다. '좋소. 그렇다면 우리 갈리아-로마인 서민들은 지금부터 그대 귀족들을 추방하고 파괴하며 정복해 버리겠소. 우리

* Emmanuel-Joseph Sieyès(1748-1836). 프랑스의 카톨릭 신부, 정치가, 문필가. 프랑스 혁명의 사상적 기반을 마련한 정치 사상가이자 총재정의 주요 정치가로 활동했다.

권리는 그대들이 들먹이는 바로 그 원칙에 따라 그대들의 권리를 대체할 거요.' 그의 말은 옳았다. 레이시즘 도그마의 기본이 되는 개념에서 허식을 조금 빼고 서술하면, 뭔가를 물려받으려면 성공해야 한다는 뜻이 될 테니 말이다.

그러나 프랑스 혁명의 시대에 레이시즘은 대규모의 성공을 거두지 못했다. 위대한 고전적인 레이시즘 선언은 1853년에서 1857년 사이에 출판되었다. 바로 고비노 백작의 『인종불평등론*Essay oh the Inequalit of Human Races*』이었다. 불랭빌리예와 마찬가지로, 그는 세계의 희망은 과거에도 현재에도 금발의 튜튼족에게 달려 있다고 생각했으며, 그는 이들을 아리아인(오늘날은 북구인이라 부른다)이라 칭했다. 그러나 그는 국가주의의 복음을 노래한 것은 아니었다. 고비노는 불랭빌리예와 마찬가지로 프랑스인이었으며, 당시 프랑스의 정치적 상황에 염증을 품고 있었다. 그는 두 권의 논집을 부왕이 민중의 강요로 받아들인 자유주의 헌법을 폐기해 버린 눈먼 독일인 왕, 하노버의 게오르크 5세에게 바치기도 했다. 그러나 고비노는 프랑스만큼이나 독일의 인종적 우월성도 별로 신뢰하지 않았다. 프랑스나 독일이나, 심지어 그가 나중에 방문한 스웨덴에서도, 순수 아리아인은 한 줌도 남아 있지 않았기 때문이다. 모든 유럽 국가들은 하나같이 갈리아-로마인(오늘날은 켈트족, 알프스인, 지중해인이라 부른다)의 피로 탁해져 있었다. 유럽 국가 중에는 국가적으로 앞선다고 할 만큼 인종적 귀족이 충분히 남은 곳이 없었다. 고비노 백작의 글은 불랭빌리예와 마찬가지로 현대적 국가주의자가 아니라 보수적 귀족의 것이었다. 그는 1848년의 혁명으로 이어진 온갖 상황에 분노하고 불안해하고 있었다. 같은 해 고비노 본인은 귀족이 이끄는 공화국의 설립을 지지하는 정치 풍자 극작 집단의 창립자 중 하나로 활동하기도 했다. 높은 실업률과 사회적 고통이 만연한 시대였다. 어떤 식이든 행동이 필요했다. 사회주의 지도자들은 '노동권'이라는 개념을 받아들이게 만드는 데 성공했고, 일종의 공공사업 진흥국과 비슷한 기관이 정부 주도하에 설립되기도 했다. 이런 기관은 '국립작업장'이라고 불렸고, 오늘날에도 익숙한 부류의 문제를 마주하게 되었다. 모든 실업자에게 급여가 나오는 일자리를 제공할 수 없기 때문에, 일부는 실업수당으로 대체해야 한다는 것이었다. 심지어 이 부족한 실업수당조차도 정부에 위험한 불평분자를 만들어냈고, 전체 정책이 순식간에 뒤엎어지고 말았다. 뒤이은 사건은 6월의 학살이었다. 다시 한번 파리의 거리에 세워진 바리케이드 앞에서 유산자와 무산자의 충돌이 빚어진 것이었다.

고비노의 논집은 이런 역사적 배경에 근간을 두고 있다고 간주해야 할 것이다. 그는 상아탑의 연구자도, 고고한 학술 위원도 아니었기 때문이다. 그는 공적 생활에 매진하는 세속적인 처세가였다. 평생에 걸쳐 내각 장관과 페르시아 대사로 근무하고, 브라질과 유럽의 여러 수도에서 프랑스 정부의 대표자로 활동한 사람이었다. 소설가이자 극작가이자 여행안내서 작가이기도 했다. 땟국물이 줄줄 흐르는 폭도들이 절망에 빠져 살아갈 방법을 요구하는 시대에 사로잡힌 사람이었다. 그런 이들을 무시하려면 루소의 사회계약론이나 홉스의 국가론으로는 부족했다. 혈통에 따른 열등성, 즉 인종에 기초한 논리가 필요했다. 그 자신이 썼듯이, 그의 목적은 혜택받지 못한 이들의 커져만 가는 요구에 제대로 맞서 싸우는 것이었다. 그는 '드 메스트르나 드 보날드보다 훌륭하게 자유주의에 대적하기를' 원했다.[33]

따라서 얼마 전에 비슷한 갈등을 몸소 겪었던 하노버의 게오르크 5세에게 자신의 책을 헌정하면서, 그는 이렇게 썼다.* '나는 점진적으로 역사상의 다른 모든 문제보다 인종이 중요하다고 믿게 되었다. 인종이 그 모든 문제의 열쇠이며, 인종들이 결합해 민족이 만들어진 방식에 따른 불평등이야말로 그

---

* 게오르크 5세는 즉위 후 3년만에 1848년 제정한 자유주의 헌법을 폐지해 1840년의 헌법으로 되돌렸으며, 전원이 귀족으로 구성된 내각을 입안했다. 고비노의 책이 출간된 해와 같은 해인 1855년의 일이었다. 이후 프로이센-오스트리아 전쟁에서 오스트리아 편에 섰다가 패배하여 하노버의 마지막 왕이 되었고, 영국으로 망명해 그곳에서 생을 마쳤다.

민족의 운명을 설명하기에 충분하다고 믿는다. 나는 마침내 모든 위대하고, 고결하고, 생산적인 인류의 업적이, 과학에서도, 예술에서도, 문명에서도, 모두 하나의 시작점에서 출발한다고 믿게 되었다. 그 모든 것은 단 하나의 가계에만 속해 있는 것이다. 여기서 뻗어나온 다양한 갈래가 이 우주의 모든 문명화된 국가에 군림한 것이다.' 이렇게 모든 국가에 군림한 귀족들이, 이제는 민주주의라는 퇴보와 평등이라는 주장에 위협받는 상황이었다. 그는 세계의 인종을 백인, 황인, 흑인으로 나누면서, 알프스인은 황인의 후손이며 지중해인은 흑인의 후손이라고 간주했다. 따라서 그의 백인은 유럽에서도 오로지 오늘날 북구인이라 불리는 집단에 의해서만 대표되는 것이었다. 문명의 희망을 짊어질 수 있는 것은 이들뿐이었다. 오직 그들만이 '사색하는 힘', '인내심', '질서에의 본능', '자유에 대한 사랑', '영예'를 가지고 있었다. 이들이 유럽에서 지위를 잃으면 문명의 황혼이 찾아올 것이다.

고비노의 복음은 20세기의 추종자들에 의해 국가주의의 복음으로 바뀌었고, 오늘날 독일은 고비노의 '아리아인'을 '현대 독일인'으로 읽어낸다. 그의 아리아인은 딱히 다른 곳보다 독일에 더 많다고 할 수 없는데도 말이다. 현대 비평가들조차도 그의 주장을 잘못 해석하여 그의 레이시즘에서 국가주의를 읽어냈다. 따라서 그들은 고비노의 실제 주장이 아니라 자신들의 오해에서 유래한 부조리와 모순을 지적하게 되었다. 그가 반복해서 어떤 문명도 순혈 인종의 손으로는 이룩될 수 없었다고 말하면서도, 동시에 순수하고 오염되지 않은 혈통을 잃은 공동체는 무너질 수밖에 없다고 주장한다는 점을 모순으로 지적하는 것이다. 국가주의 선언이라면 이런 주장은 분명 모순일 테지만, 고비노는 그저 천출의 노동자들에게 위협받는 귀족의 잔재가 마땅히 수행해야 하는 역할을 옹호하고 있을 뿐이었다. 그는 정복자 귀족의 운명이 문명의 성쇠를 결정한다는 점을 증명하려고 책 한 권을 통째로 사용했다. 여기서 귀족은 출생으로 그 신분이 결정된 자를 말한다. 귀족이 폭도에 포위당해 사라지게 되면, 그 국가는 파국을 맞이하는 것이다.

따라서 고비노는 자신의 레이시즘 교리의 근간부터, 모든 문명이 여러 인종의 혼합물 위에 건설된다는 점을 인정한 것이다. 그의 아리아인은 지배자의 인종이며, '모든 문명의 시조는 자신의 공동체의 중추, 즉 중위 계급이, 황인종으로 이루어져 있기를 바랄 것이다'라고 말한다. (그는 프랑스의 주류 인종인 알프스인을 황인 혈통이라 정의했다.) 그는 계속해서 이렇게 쓴다. '모든 혼합물이 고약하고 해롭다고 말하는 것은 부당한 일일 것이다.' 사실, '미적인 측면에서는,' 가장 훌륭한 인종의 조합은 '백인과 흑인의 자손이기 때문이다.' (고비노는 지중해인을 흑인이라 칭했다. 프랑스인은 흑백 혼혈을 자유롭게 언급할 수 있었다. 앵글로색슨이었다면 상황이 달랐을 것이다.)

　모든 국가가 다양한 인종으로 구성되어 있다는 사실은, 고비노에게는 여러 인종의 계급화가 필요하고 모든 영광이 단하나의 계급에만 달려 있다는 의미로 다가왔다. 고비노는 순혈인종이 문명의 근간이라 주장한 적이 없다. '아리아인은 그리스도의 탄생 때부터 이미 순수하지 못했다.' 그러나 그의 주장전체가, 적어도 그의 관점에서 볼 때는 충분히 일관성 있는 이야기로서, 인종 특성의 고정성에 달려 있다는 것은 사실이다. '우리 종족(아리아인)의 고귀함'은 파괴할 수 없으며 혈통을 통해 고스란히 시대를 뛰어넘어 전달될 수 있는 것이었다. 그들의 인종 유형은 기후, 국가, 시간의 경과에 영향을 받지 않는다. 귀족과 민중 사이의 넘을 수 없는 격차는 이 때문에 생기는것이며, 한쪽은 역사 속에서 중요성을 획득하고 다른 쪽은 무시할 수 있도록 만든다. 그는 귀족주의적인 '아리아인'의 후예가 고결한 문명에 대한 자신의 '사명'을 깨우쳐야 하며, 비아리아인의 유일한 의무는 그 '사명'을 존중하는 것임을 알리려고그런 글을 쓴 것이다.

　고비노가 구별할 수 있는 '아리아인' 초인은 개인 단위에 지나지 않았기에, 그 당시까지 인종의 숙명에 힘입어 권력을 손에 쥐고 있는 개인을 온 세상의 희망으로 간주했다. 그러나 고비노는 자신도 그런 '선민종족'에 속함을 확신하고 있었다. 그의 『인종불평등론』은 '오직 서문으로 기능하기 위해' 작성된 것으로, 뒤따르는 본문의 제목은 『노르망디 브레이의 정복자, 노르웨이의 해적 오타르 야를의 역사, 그리고 그 후손에 관하여』로서, 그 자신의 가계를 연구하여 1879년에 펴낸 가계도였다. 바이킹까지 거슬러 올라가는 다른 대부분의 가계도와 비슷하게 정확도 측면에서는 애매한 물건이며, 부유한 부르주아였던 아버지로부터 스스로를 해방하여 '군주의 종족'의 일원으로 올라가고자 하는 이가 작성한, 사랑으로 가득한 노동의 결과물이라 생각해야 할 것이다. 그가 믿는 것은 선택받은 소수의 인종적 혈통이지, 국가 하나의 순수한 혈통은 아니었던 셈이다.

고비노의 『인종불평등론』은 여전히 레이시즘의 고전으로 취급받으며, 오늘날에는 국가주의 선전물로서 너무 널리 읽히는 바람에 그 역사적 위치가 오해당하는 상황이다. 고비노는 친프랑스파도 친독일파도 아니었다. 고비노의 추종자들은 양쪽 모두의 관점에서 수많은 책을 써댔지만, 그는 결국 친귀족파일 뿐이었다. 그는 애국주의를 혐오하며, 자신의 선민종족에는 그런 라틴족의 편협과 무지는 불필요하다고 비난하며 코웃음 친 사람이었다. 그는 1870년 전쟁에서 프랑스가 패한 주된 이유가 국가주의라고 쓰기도 했다. 만년의 고비노는 반정부 성향을 확고히 드러냈고, 바로 그 때문에 오늘날의 프랑스 인종

차별주의자들은 출전을 밝히지 않고 그의 주장을 인용하곤 한다. 그가 1870년 전쟁에서 프랑스의 행태를 묘사할 때 보인 신랄함이 마음에 들지 않기 때문이다. 고비노는 귀족과 그 문화의 가치가 다른 무엇과도 견줄 수 없다고 주장했으며, 그의 시선은 대적할 바 없이 고귀한 옛 황금시대에 고정되어 있었다. 그는 귀족답게 상업을 '인종 혼합의 독'으로 빚어진 것이라며 경멸했고, 현대 문명의 기술 발명, 즉 인쇄술, 증기기관, 산업혁명 등은 단순히 틀에 박힌 반복행위일 뿐이라서 '아리아인'들이 신경 쓸 거리가 되지 못한다고 주장했다. 그는 그런 것들은 민중에게 맡기기를 권했다.

고비노가 저술 활동을 벌였던 1850년대 초반은, 신체 측정이 드물뿐더러 체계적인 비판도 존재하지 않고, 다윈이 아직 『종의 기원』을 출판하지도 않았던 시대였다. 그는 인종 형질이 오늘날 알려진 형태대로 분배되리라는 것도, 유전 법칙의 등장도 예측하지 못했다. 다윈 이후에는 '적자생존'이 레이시즘 선언에 포함되었지만, 고비노는 아리아인을 인류의 가장 아름다운 꽃으로 여기면서 종종 연약한 자질을 지닌다고 간주하기도 했다.

따라서 그의 후계자들은 그의 이론을 두 가지 방법으로 발전시켰다. 하나는 인체측정학의 해석을 받아들이는 것이었고, 다른 하나는 '적자생존'을 받아들이는 것이었다. 다윈주의의 사상을 빌려온 후자 때문에, 고비노 이후의 레이시즘 이론은 갈수록 정복과 무력을 강조하게 되었다. 특권을 지닌 귀족이든, 아니면 모든 계급을 끌어안는 국가든, 정복자가 성공하는 이유는 그들이 자연이 빚어낸 최적의 존재이기 때문이다. 옛 공리를 정당화시켜 옳은 결론을 이끌어 낼 수 있는 '과학적'인 이유가 발견된 셈이었다.

인체측정학에 기반한 레이시즘의 다른 발전 방향은, 19세기 후반 프랑스에서 정력적으로 추진되었다. 스스로를 '인류사회학'이라 부른 이 열정적인 학파에서 눈에 띄는 이름으로는, 브로카, 라푸지,* 독일의 암몬** 등이 있다. 낭만주의자였던 고비노와는 달리, 이들은 비범한 수치 수집가이자 열렬한 통계학 연구자였고, 포괄적인 문제 대신 특정한 문제의 해법을 찾아내고자 했다. 그러나 이들도 불랭빌리예-고비노와 같은 부류의 인종차별주의자라 할 수 있는데, 자신의 자료를 국가주의에 적용하려고는 시도하지 않았기 때문이다. 이들이 신경을 쓴 문제

---

* Georges Vacher de Lapouge(1854-1936). 프랑스의 인류학자, 우생학 및 인종주의 이론가. 인류사회학의 창시자로 알려졌으며, 나치의 우생학 교리에 직접적인 영향을 끼쳤다.

** Otto Georg Ammon(1842-1916). 독일의 기술자, 문필가. 개인적으로 인류학을 연구하여 상위 계급일수록 독일인 유형이 많다는 '인간 자연선택설'을 주장했다. 독일의 인류사회학의 시조로 여겨진다.

는 계급 차이였다. 이들은 '두 부류의 프랑스'와 '두 부류의 독일'을 탐구하며, 좁은 두상(장두형)의 북구인과 넓은 두상(단두형)의 알프스인을 비교하고자 했다. 그리고 그들의 선민종족은, 이전 시대의 인종차별주의자들과 마찬가지로, 좁은 두상의 북구인이었다. 이들의 당면 과제는 서유럽 내에서 서로 다른 혈통의 열등성 또는 우월성을 판별하는 것이었다. 국가주의가 배제된 관점 덕분에, 이들은 심지어 라인강 양안에서 조화롭게 연구하는 것도 가능했다. 암몬의 연구는 독일(바덴)에서 이루어졌으며, 브로카와 라푸지는 프랑스에서 연구했다.

이들은 모두 방대한 양의 인체측정학 자료를 이용해 좁은 두상(북구인)이 모험심이 강하고 호전적인 인종이며 넓은 두상(알프스인)이 소심하고 순종적인 피지배 인종임을 증명하고자 했다. 라푸지의 표현을 빌리자면, 좁은 두상은 무리를 지어 사냥하는 인종이며 넓은 두상은 학살당하는 양떼다. 다윈에게서 받은 은총인 성스러운 '적자생존' 이론에 따르자면, 선민종족이 사냥꾼 무리인 것은 당연한 일이었다. 물론 유럽인의 두개골을 계측해 나온 결과로는 사냥꾼과 양떼를 구별할 수 없었지만, 내세울 만한 사례는 있었다. 농촌에 비해 도시가 '발전'했음이 분명한 이상, 선민종족은 도시에 집중되어 있을 것이 당연했다. 이 점은 인류사회학이 등장하기 전부터 프랑스 중남부, 이탈리아 북부, 독일 등지에서 주목받은 바 있었다. 그리고 과거에는 도시 거주자의 자리를 귀족이 차지하는 형태로 고비노가 언급한 바 있기도 했다. 암몬은 도시와 농촌 간의 평균 두상 차이를 사회선택의 증거로 해석했다. 도시에 폭이 좁은 두상의 평균치가 높다는 사실로, 그들의 능력이 뛰어나고 '선택'받았다고 여긴 것이다. 그는 인간 역사에서 '사회선택'을 다윈이 동물의 역사에서 '자연선택'에 부여한 것과 같은 지위에 놓았다. 장두형이 단두형에 비해 도시에 집중되는 현상은 암몬의 법칙으로 알려졌고, 장두형이 인종적으로 우월하다는 증거로 해석되었다.

레이시즘의 전통, 그리고 흰 피부와 푸른 눈의 장두형 인종을 성스럽게 여기는 인식이 아니었더라면, 이 학파에서 사용하는 것과 같은 방법론을 통해, 같은 사실이라도 정확하게 반대로 해석될 수 있었을 것이다. 그들의 자료는 모두 두정폭지수가 증가하는 현상을 보이고 있었기 때문이다. 즉, 장두형은 계속 단두형에게 밀려나고 있었다. 게다가 피부색도 점차 어두워지는 중이었다. 인구 증가는 지방보다 도시가 빠르기 때문에, 이런 변화 역시 도시 쪽에서 훨씬 두드러지게 나타났다. 단두형이 사회선택을 받지 못할 이유가 있을까? 인류사회학파는 자신을 두지수의 통계에 감금하고, 단두형이 평균 수명이나 출생률 등에서도 열등한지는 결코 검증하려 들지 않았다.

이런 사실의 여러 해석 중에서 굳이 하나를 고를 필요는 없을 것이다. 사실 그 자체의 일반성이 이내 부정당했기 때문이다. 리비[34]의 이탈리아의 징집병 통계를 살펴보면, 피에몬테와 같은 일부 행정구에서는, 독일과 마찬가지로 도시 거주자가 교외 거주자에 비해 평균적으로 장두형이 많다는 사실을 알 수 있지만, 팔레르모와 같은 다른 행정구에서는 정반대의 결과가 나왔다. 이유는 간단했다. 도시 거주자는 촌락 거주자보다 더 넓은 지역에서 모여들게 마련이므로, 후자가 장두형이든 단두형이든 그와 다른 양상을 보일 수밖에 없었던 것이다. 혈통의 열등성이나 우월성과는 아무런 연관도 없는 문제였다.

인류사회학파들이 모아들인 수치가 충격적인 이유는 그 명백한 차이가 아니라 범위의 중복이었다. 도시 출신과 촌락 출신 모두 범위 자체는 같았다. 도시에서는 같은 범위 안에서 장두형이 조금 더 많았을 뿐이었다. 그게 전부였다. 소위 말하는 도시의 '장두형 집중 현상'의 진실은 하이델베르크 학생의 두지수 조사 결과를 보면 명확해진다. 시골 학생의 평균은 82.7이고, 도시 학생은 81에 지나지 않았다. 여기서 알 수 있는 사실이란 도시와 농촌 간에 같은 범위의 두지수가 관찰된다는 것뿐이었다. 모든 도시 거주자들이 모든 시골 거주자보다 우월하다고 주장하려 한다면, 도시 사람 대부분이 장두형이기 때문이라는 근거는 절대 댈 수 없을 것이 명백했다.

인류사회학파의 레이시즘 주장은 오늘날의 연구자들 눈에

는 가식적이고 왜곡되게 보일 수밖에 없다. 두지수 하나에만 의존한 사실 또한 만족스럽지 못해 보인다. 이 학파가 레이시즘 교리의 역사 속에서 중요한 이유는, 이들의 행태가 유럽의 변화하는 세태를 보여주었기 때문이다. 이들의 레이시즘은 여전히 국가주의적이지 않았으며, 20세기식 애국적인 주장으로 받아들여지지도 않았다. 이들의 문제는 여전히 같은 국가의 다른 계급 사이에 존재하는 열등성과 우월성이었다. 그러나 불랭빌리예와 고비노처럼 이 문제를 봉건제나 귀족층 측면에서 해석하는 대신, 1850년에서 1900년 사이의 연구자들은 이 문제를 도시의 특권 측면에서 해석했다. 물론 이들은 귀족의 후예를 측정하여 그 결과를 부르주아나 농민 계층과 비교할 수도 있었을 것이다. 그리고 이들이 이전 세대와 같은 여건에 있었더라면 분명 그런 일을 벌였을 것이다. 도시의 시대였기 때문에, 이들은 도시 거주자의 특성을 드러내고 그런 형질로 우월함을 주장할 수 있는 방식으로 자료를 나열했던 것이다.

특정 계급의 선천적 우월성을 주장하는 교리였던 레이시즘은, 유럽에서는 이번 세기의 시작 즈음부터 특정 국가의 우월성을 주장하는 교리로 변했다. 그러나 미국의 레이시즘은 예전의 의미를 그대로 유지했다. 이것은 신대륙의 다른 무력을 갖춘 국가들과, 최근 들어 유럽의 모든 인종 집단에서 상당한 수로 미합중국에 들어오기 시작한 이민자들의 비율 때문이었다.

과거 이민자들은 주로 북유럽과 서유럽 출신이었으나, 1890년 경부터는 유럽의 상황 때문에 남유럽과 동유럽 출신이 주를 이루게 되었다. 이런 상황에는 북구인의 우월성과 비북구인의 열등성을 강조하는 레이시즘 문헌이 필요했으며, 여기서 미합 중국이 위험에 처해 있다는 주장이 등장했다. 오래된 이주민의 피가 후발주자들과 섞여 오염될 수 있었기 때문이다. 세계 대전 이후 찾아온 고난의 시절은 대부분 미합중국이 추구해 온 이민 정책, 그리고 그 정책으로 가장 최근에 이득을 본 집단 탓으로 돌려졌다. 이들 이민자들은 가난에 찌든 이들이었으며 주로 비숙련 노동자로 고용되었다. 집단으로서 볼 때, 이들은 1890년 이전에 정착한 이민자들에 비해 실적이 나쁠 수밖에 없을 것이다. 미국의 인종차별주의자들은 역사적, 사회적 고르디아누스의 매듭을 단칼에 잘라 버린다. 이탈리아와 폴란드 출신 이민자들의 열악한 상황이 비북구인의 선천적 열등성 때문이라고 간주되는 것이다.

미국 인종차별주의자들은 고비노와 휴스턴 체임벌린의 해석을 가져와서 이런 주장을 뒷받침한다. 매디슨 그랜트*에 따르면, 유럽에서 '북구 혈통의 비율은 그 국가의 무력과 문명 세

---

* Madison Grant(1865-1937), 미국의 법률가, 인류학자, 작가, 동물학자. 환경보호론자이자 백인 우월주의 이론가.

계에서의 지위를 나타내는 훌륭한 가늠쇠가 된다.'[35] 그러나 그는 이런 원칙을 독일이나 프랑스인 구식 인종차별주의자들에게 권하지는 않는다. '오늘날의 독일인은 대개 농부의 자손일 뿐이다.' 여기서 농부란 그랜트가 단두형 알프스인을 가리킬 때 사용하는 용어이며, 이런 사실은 오늘날의 '독일 군대에서 여성을 향한 기사도나 관대함, 포로나 부상병에 대한 기사다운 보호나 예의를 찾기 힘든 이유이다.'[36] 프랑스 또한 같은 식으로 망가졌다. '이들 원시적이고 잡초 같은 종족(알프스인과 지중해인)이 서서히 다시 등장하면서, 프랑스의 북구 요소는 쇠락을 맞았고 그에 따라 국가의 활력도 사라졌다.'[37] 이렇게 한 인종이 다른 인종으로 교체된 다른 예로, '오늘날의 미신적이고 우둔한 스페인인'들이 만들어지기도 했다. 잉글랜드에서도 마찬가지로 북구인은 쇠퇴하고 있다. 그러나 『위대한 인종의 소멸』이 미국인 작가의 작품이기 때문에, 이런 유럽의 절망적인 상황은 미합중국의 영광스러운 미래 예측으로 이어진다. 물론 옛 이민자들이 우월한 지위를 그대로 유지하는 경우에만 말이다. 남북전쟁의 시기까지 미국의 백인은 '순수하게 북구인이었으므로…… 단순히 북구인 정도가 아니라 순수한 튜튼족이었고, 그 대부분은 가장 엄격한 의미에서의 앵글로-색슨족에 속했다.'[38] 그랜트는 심지어 그가 집필하는 시점에서도, 미국인 중에서 가장 많은 인종은 북구인이라고 선언한다. 헨리 페어필드 오스본*이 그랜트의 책 서문에서 설파한 바에 따르면, 유럽이 잃은 영예로운 지위를 차지하기 위해서, 미국은 그저 '우리의 종교적, 정치적, 사회적 원칙의 기반이 되는 유전적 특성이 우리 국민들 속에서 천천히 억눌려 사라지지 않도록, 그리고 저열한 특성으로 교체하려는 사악한 계획에'[39] 맞서 싸우기만 하면 된다. 미국에서 후대에 등장한 레이시즘 서적에서, 북구인의 인종 위생, 즉 선택받은 인종의 혈통을 열등한 혈통의 오염으로부터 보호해야 하는 의무는, 애국적 의무의 정점으로 치켜세워졌다.

  미국의 이런 진부한 교리는 극도로 어리석다고밖에는 할 수 없다. 유럽 북구인의 우월성이라는 터무니없는 가정은 이미 유럽의 레이시즘 서적을 논하며 검증한 바 있다. 그랜트는 단순히 이런 주장을 되풀이할 뿐이다. 그러나 모든 옛 미국 이민자가 북구인이라는 주장은 유럽의 인종차별주의자들 사이에서는 찾아볼 수 없는 것이었다. 그랜트가 이런 결론을 내린 근거는 형질인류학적 측정이 아니라, 1860년 이전 이민자들의 출신 국가 목록을 검토한 결과였다. 그는 주된 이민자 출신국인

---

* Henry Fairfield Osborn, Sr.(1857-1935), 미국의 고생물학자, 유전학자, 우생학자. 미국자연사박물관 관장이자 전미우생학회의 창립자로 활동했다.

영국과 독일이 당시부터 이미 북구인의 탁월함을 잃어가는 중이거나 잃었다고 지적했다. 그렇다면 이들 집단에서 '인종 선택'이 일어나서, 미국으로 건너오는 것을 선택한 자들은 북구인이고 뒤에 남은 자들은 비북구인이라는 것을 증명해야 할 것처럼 보인다. 그리고 그는 실패했다. 사실 불가능했을 것이다. 어떤 부류의 선택으로도 잉글랜드의 금발은 미국으로 이주해 오고 갈색머리는 유럽에 남게 만들 수는 없었을 것이기 때문이다. 이들의 동기는 주로 경제적인 것이었으며, 금발이든 갈색머리든 똑같은 방식으로 영향을 받았다.

알레시 흐르들리시카*의 '옛 미국인'에 대한 형질인류학적 분석[40]은 그랜트의 추정이 틀렸음을 단적으로 보여준다. 이 연구는 네 명의 조부모가 모두 미국 땅에서 태어난 2천 명의 미국인을 분석한다. '금발'은 대상인 옛 미국인 중 5.3퍼센트에서만 관찰되었고, '옅은 갈색'은 16퍼센트에 지나지 않았다. 머리색, 피부색, 눈색에서 75퍼센트는 '중간' 또는 '어두움'에 속했다. 장두형의 비율은 17퍼센트 미만이었다. 헉슬리와 해든이 말했듯이, '흐르들리시카 박사의 연구는······ "옛 미국인" 속에

---

* Aleš Hrdlička(1869-1943), 미국에서 활동한 체코 인류학자. 아메리카 원주민의 아시아 이주설을 최초로 주장했고, 인류의 기원이 중유럽이라는 학설을 제시하기도 했다.

북구인의 요소가 얼마 되지 않는다는 사실을 명확하게 보여준다.'[41]

미국인의 레이시즘 서적에는 언제나 즉물적인 정치적 목표가 들어 있다. 바로 이민법의 개정이다. 미국인의 기질은 우리의 좌우명이 '인종, 신조, 피부색의 구분이 없는' 것이었으며 '억압받는 자들의 도피처'를 자임하고 '거대한 용광로'에 대해서 열정적으로 글을 쓰던 때와는 상당히 달라졌다. 모든 미국인에게 기회를 제공하기는 갈수록 힘들어지고 있으며, 미국에 필요했던 사회 공학을 실현하기 위해서는 대가가 필요했다. 미합중국의 사회 상황을 생각해 볼 때, 이제 이민의 문을 활짝 열어둘 수 없다는 점은 분명하다. 이 문제의 요점은 어떤 근거에 기반해 선택할 것인가다. 그랜트가 『위대한 인종의 소멸』을 집필한 것이 1916년이었고, 1921년에는 1차 대전 이후 발 빠르게 이민자 증가를 막기 위해 성급히 엮어낸 입법안인 '할당이민법'이 서둘러 의회를 통과했다. 뒤이은 입법안은 할당량의 백분율, 그리고 할당량을 계산할 적용 연도를 바꾸었으나, 원칙 자체는 기존의 법안을 따랐다. 이 원칙이란 특정 년도에 태어난 외국 태생 미국인의 일정 비율만큼의 신규 이민자를 받아들이자는 것이었는데, 1921년에는 3퍼센트, 1924년에는 2퍼센트로 정해졌고, 특정 연도는 1921년 법안에서는 1910년, 1924년 법안에서는 1890년이었다. 여기서 매년 받아들이는 이민자 총수는 1924년에 15만 명으로 고정되었다. 1929년에는 '출신 국적' 개정안이 통과되었는데, 여기서는 더 복잡한 계산식이 적용되었다. 아메리카 대륙의 독립국과 캐나다 출신은 이런 할당량 제한을 면제받게 되었다.

인종차별주의자의 교리 때문에 미국식 사고방식에 혼선이 생기지 않았더라면, 이민 제한은 사회에 이득을 주기 위한 방향으로 입안되었을 것이다. 보건과 교육은 '출신 국적'에 의해 결정되지 않는 개별적인 요소다. 영어 사용자가 아닌 싸구려 노동자 집단을 융화시키는 비용이 걱정되었다면, 솔직하게 교육받은 계층을 선호한다고 밝히면 그만이었을 것이다. 아니면 사회 질서나 생활 수준이 우리와 비슷한 나라의 이민자만 받겠다고 할 수도 있었을 것이다. 그러나 매년 고정된 총량의 이민자만 받아들이겠다는 법안은 막연한 시도에 지나지 않았다. 미국의 경제 상황이 바뀔 때마다, 추가 인력의 사회적 장점이나 단점도 달라질 수밖에 없다. 지난 10년의 대공황 기간에, 이민국은 실제로 '공중에 폐를 끼칠 우려가 있는'이라는 문구를 자의적으로 해석해서 인력과 고용의 균형을 맞추려 시도했다. 그러나 미국의 경제 상황에 맞춘 조정은 결국 행정부의 몫이었다. 미국의 법률에 명시된 적도, 사실을 확인하는 위원회에 맡겨진 적도 없었다.[42]

미합중국의 레이시즘 저술[43]은 우리 국가의 가장 큰 인종 문제인 흑인을 거의 다루지 않는다. 흑인에 대한 우리의 처우를 생각해 보면, 이런 저술가들이 흑인 문제에 대해서 별로 제안하고픈 바가 없음은 거의 확실해 보인다. 이들이 원하는 것은 인종 논리를 이용해서, 아직 융화되지 못한 노동자들을 이미 상대적으로 번영을 누리는 과거의 이민자들과 차별화시키는 것이다. 이들은 옛 미국이 이민을 '인종' 기준으로 제한하고 우리가 지금껏 부주의하게 받아들인 열등한 비북구인 혈통이 자유롭게 섞이는 것을 막아야 한다고 끊임없이 주장한다. 미국의 레이시즘은 그저 한 시대의 이민자들이 몰려와서 다른 시대의 이민자가 영원히 열등하다고 규탄하는 우스꽝스러운 광경에 지나지 않음이 입증되었다. 현명한 사람이라면 이런 섣부른 판결을 받아들이는 대신 조금 기다려 볼 것이다. 아이반호 시대에 색슨족을 문명화시킬 수 없다고 주장하던 노르만족이라면 1920년대에 비북구인의 문명화가 불가능하다고 주장한 매디슨 그랜트보다 훨씬 나은 근거를 제시할 수 있겠지만, 그렇다고 달라질 것이 무엇인가? 역사는 그런 판결을 아주 오래전에 뒤집어버렸고, 매디슨 그랜트 본인이야말로 자신이 앵글로-색슨임을 당당하게 뽐내는 사람이다. 과거 노르만에게 보인 앵글로-색슨의 모습처럼, 오늘날 그리 장래성 없어 보이는 혈통도 미래에는 자랑거리가 될지 모른다.

레이시즘과 국가주의

　20세기의 시작 즈음, 유럽의 여러 국가는 갈수록 격렬해지는 분쟁에 끌려 들어가고 있었다. 국가주의란 멈출 수 없는 괴물과 같아서, 다른 사소한 대의는 그 앞에서 무의미해진다. 위기가 닥칠 때마다 계급 갈등과 소수자 문제는 그 앞에서 분쇄되어 버렸다. 1890년에 고비노의 『인종불평등론』이 망각의 늪에서 소생하여 그의 교리가 열렬히 대중의 옹호를 받기 시작했을 때, 그의 논변은 계급주의의 복음이 아니라 국가 애국주의의 복음으로 받아들여졌다.

　현대 유럽이나 미국에서 하나의 계급이 순수한 인종의 후손이라는 주장이 불가능에 가깝다면, 하나의 국가가 순수한 인종의 후손이라는 주장은 온전히 환상으로 치부해도 무방할 것이다. 유럽의 가계에 따른 상속 규칙을 살펴보면, 고귀한 계급은 최소한 하나의 부계 혈통에서는 연속성을 가진다고 할 수 있다. 물론 생물학자가 보기에는 다른 모든 조상도 성을 물려주는 조상과 똑같이 중요하겠지만, 그래도 상속 때문에 특정 개인의 혈통에 관한 주장에는 일정 정도의 신빙성이 생긴다고 볼 수 있다. 그러나 국가의 경우에는 이런 신빙성조차 사라진다. 그러나 레이시즘 교리를 대중화하는 일 자체는 상당히 쉬운 일이었는데, 계급 교리로서의 선전문이 갈수록 익숙해지는 상황에다, 모든 부류의 서로 다른 집단에 '인종'이라는 딱지를 붙일 수 있기 때문이었다. 만약 프랑스인과 독일인이 서로 다르다면, 그건 당연하게도 그들이 다른 인종이기 때문인 것이다.

국가주의의 시대에서, 레이시즘은 거국적인 전쟁의 함성으로 변했다. '아버지 조국'이 단합을 위한 구호를 필요로 할 때, 레이시즘은 누구나 이해하고 자부심을 가질 수 있는 족보와 유대감을 제공해 주었다. 따라서 레이시즘은 목소리의 바벨탑인 셈이었다. 프랑스인, 독일인, 슬라브족, 앵글로-색슨족 등 모두가 자기네 '인종'만이 유럽 역사의 초창기부터 정당한 문명의 승자로 정해져 있었다고 주장하는 학문적, 정치학적 대표자를 가지게 되었다. 그들은 저마다 인종이라는 사실을 폭력적으로 가져다 뒤틀어서 그와는 모순되는 인종주의적 결론을 내렸다. 국가주의 시대의 레이시즘은 피상적인 과학적 객관성마저도 완전히 벗어던져 버렸다.

물론 거의 다윈의 시대부터 이어져 내려온 애국적인 레이시즘 선언도 존재한다. 그러나 이런 선언은 산발적이며 가벼운 내용에 불과하다. 국가주의적 레이시즘의 주요한 첫 물결은, 1870년 독일에 패배하고 굴욕을 맛본 프랑스에서 그 즉시 발생했다. 독일군은 프랑스를 침공해 파리를 점령했고, 비스마르크는 그 승리를 이용해 라인강 서편의 여러 왕국과 대공국을 모아들여 통일된 독일을 만들었다. 당시 프랑스는 유럽 강대국의 지위를 잃었다. 그리고 고비노에게 무겁게 다가왔던 내부 갈등은, 국가 전체가 함께 경험한 치욕에 가려져 버렸다. 갈등하는 집단들이 획득한 새로운 성격은 곧바로 그에 상응하는 결과를 불러왔다. 레이시즘 이론가들 사이에서 변화가 일어난 것이다. 고비노가 예찬한 아리아인(튜튼족)은 프랑스와 독일 양쪽에서 동등한 지위를 차지하고 있었다. 패배했든 승리했든, 금발 흰 피부에 장두형이라는 초인의 형질을 순수하게 유지하기만 한다면 아무런 문제도 없다는 것이다. 1871년의 프랑스인들은 이런 선언으로는 만족하지 못했고, 이내 개량을 시도했다. 파리 자연사박물관의 관장이었던 콰트르파주*는 『프로이센 인종』[44]을 펴내면서, 그 안에서 비스마르크의 정복 왕국인 프로이센을 지목하며 프랑스와는 완전히 다른 인종적 조상을 제안했다. 콰트르파주는 프로이센 지방의 거주민이 아예 아리아인이 아니라고 썼다. 그들의 인종을 가늠하기 위해서는 키 크고 흰 피부지만 단두형 인종이며, 프로이센 북부에 사는 핀족을 연구해야 한다고 주장한 것이다. 핀족은 또한 유럽을 침략한 아시아계의 일원인 슬라브족과 혈통이 섞였으며, 프로

---

* Jean Louis Armand de Quatrefages de Bréau(1810-1892). 프랑스의 동물학자, 인류학자. 진화론은 긍정했으나 자연선택설에는 반대했고, 현재는 대부분 사장된 여러 인종 이론을 주창했다.

이센 전역에 이런 혼혈 인종이 거주한다. 프랑스의 드높은 문명을 휩쓸어버린 것조차 그들이 유럽에 퍼트린 재앙의 새로운 실례에 지나지 않는다.

프랑스와 독일 사이의 인종적 차이는 상당히 다른 방식으로도 논의된다. 프랑스의 인체측정학회 회장이었던 불굴의 브로카 씨는 다섯 권 분량의 출판물[45]에서 생자와 사자 양쪽의 두지수를 기록하고, 당시의 상식을 입증하듯 프랑스에서 단두형이 우위를 점함을 보였다. 브로카는 프랑스가 갈리아인(또는 알프스인, 켈트족) 단두형의 나라라고 주장하고, 고비노가 언급한 열등성을 거꾸로 뒤집었다. 그는 단두형이야말로 장두형에 비해 분명히 크고 질 좋은 두뇌를 가지고 있다고 말했다. 따라서 독일인들이 자기네 북구 혈통을 자랑하는 것처럼, 프랑스인도 갈리아 혈통을 자랑스럽게 여겨야 한다는 것이었다. 브로카의 프랑스 갈리아주의로 처리하지 못한 문제가 하나 있다면, 바로 독일에서도 단두형이 우위를 차지한다는 것이었다.

브로카와 콰트르파주는 정확한 대규모 인체 측정이라는 부문의 선구자였고, 이들의 연구는 유럽인의 신체 유형에 대한 지식에 크게 기여했다. 이들은 고비노와는 달리 실제 측정 결과를 주장의 근거로 사용했다. 인종에 관한 이들의 연구는 실제로 지식을 증진시켰다. 그러나 인종주의적인 결론을 따지자면 상당히 다른 문제가 된다. 모든 객관적 연구에 따르면, 두개골이 단두형이든 장두형이든 충분히 좋은 두뇌를 가질 수 있으며, 이런 신체적 유형의 분포는 독일과 프랑스 양쪽에서 상당히 비슷하다. 그러나 이런 위태로운 기반 위에서, 증오스러운 적과 고통받는 자국 사이의 깊은 골이 새겨져 버렸다. 앞으로도 계속 벌어질 일이지만, 브로카와 콰트르파주의 인종 이론은 직면한 정치적 요구에 맞춰서 인종 자료를 해석한 사례로 남았다.

브로카가 찬미한 단두형은 '1870년 세대'가 평생을 보내는 동안 프랑스의 좌우명이 되어 인기를 끌었다. 예술이나 문예비평에서도, 정치적 선언에서도, 켈트(또는 갈리아인, 알프스인)주의 숭배는 일종의 신비주의 신앙이 되었다. 켈트주의를 편의적으로 정의한 결과 잉글랜드와도 인종적 접점이 허용되었고, 프랑스 내에서 인기가 상승함에 따라 동쪽 방벽이라 할 수 있는 라인강 쪽으로도 파고들어갔다. 역사가들도 여기에 동참했다. 프랑스 사학회의 회장인 퓌스텔 데 쿨랑주*는 프랑스 문명의 성립에 독일이 전혀 영향을 끼치지 못했음을 입증해 냈다.

라인강 반대편에서는 독일인들도 발빠르게 자기네들의 레

---

* Numa Denis Fustel de Coulanges(1830-1889). 프랑스의 역사가. 고대 그리스 로마 시대의 전문가이며, 프랑크족의 갈리아 침공이 '독일의 프랑스 정복'이 아님을 밝히는 일에 매진했다.

이시즘 이론을 확립해 가고 있었다. 이들은 프랑스인처럼 고비노의 분류 체계를 바꿀 필요가 없었으며, 그의 저작에 정치적으로 중요한 의미를 부여한 것도 독일이 먼저였다. 열정적인 독일 국가주의자였던 리하르트 바그너는 고비노 백작의 『인종불평등론』에 흠뻑 빠져들어 그의 작품을 독일에서 유행시킬 방법을 제공하기까지 했다.* 그러나 '고비노 협회'가 독일에 설립된 1894년에 고비노는 이미 세상을 떠난 후였고, 1899년에 이르러 바그너의 사위이자 과거 고비노의 젊은 추종자였던 휴스턴 체임벌린이 『19세기의 기초』[46]를 출판하고 나서야, 비로소 고비노주의는 독일에서 제대로 된 추종 세력을 얻게 되었다.

오늘날, 묵직한 두 권의 『19세기의 기초』는 레이시즘이 배출한 가장 혼란스럽고 가식적이며 중언부언하는 서적으로 여겨진다. 그러나 이 책은 당시 독일에서는 엄청난 영예의 주인공이 되었다. 카이저 본인이 두 아들에게 직접 낭독해 주기도 했고, 육군 장교들에게 보급되었으며, 독일의 모든 도서관과 서점에 진열해 놓으라는 명령이 떨어지기도 했다. 재판이 끝없

---

* 작곡가 리하르트 바그너는 고비노와 절친한 사이였으며, 바이로이트 축제에 모이는 추종자들을 위해 제작한 간행물인 『바이로이트 블레터 *Bayreuther Blätter*』를 통해 고비노의 사상을 독일에 퍼트렸다. 고비노 또한 '바이로이트 서클'의 주요 일원으로 활동했다.

이 찍혀 나왔다. 이 책의 주장은 독일 국민 사상의 일부분이 되어 버렸다.

『19세기의 기초』는 고비노를 혹독하게 비판하지만, 인종주의적 시선은 양자가 크게 다르지 않다. 다만 레이시즘 이론을 적용할 상황 자체가 바뀌었기에, 레이시즘의 역사 속에서 언제나 그래 왔듯이 과거와 현재의 '인종'을 새로 정의할 필요성이 생긴 것이다. 고비노는 자신이 '초인'으로 여긴 초기 게르만족 부족들이 여러 유럽 국가의 귀족 계층에 자손을 남겼다고 생각했다. 반면 체임벌린은 같은 초기 게르만족 부족들이 독일의 이름 아래 하나로 뭉친 새로운 국가의 이주자이자 수호자라고 생각했다. 체임벌린은 이들을 튜튼족이라 불렀으나, 여기서는 단순히 금발의 장두형 북구인을 의미하는 것이 아니었다. 그 정도로는 독일이라는 국가를 숙명을 타고난 정복자의 후손으로서 하나로 묶을 수 없기 때문이었다. 독일인 중에는 금발과 갈색 머리, 장두형과 단두형이 모두 존재하며, 심지어 단두형이 다수이기까지 하다. 따라서 체임벌린의 '튜튼족'은 금발이며 장두형인 사람도, 갈색 머리에 단두형인 사람도 아니었다. 양쪽 모두가 튜튼족이었다. 두지수나 머리색은 그의 계획에 아무런 필요도 없었다. '튜튼족'은 단순히 타키투스가 묘사한 초기 게르만족 부족들이 아니라, 켈트족이나 슬라브족도 포함하는 것이었다. '켈트족, 슬라브족, 튜튼족은 단일한 순수 혈통의 후손이다.'[47] 따라서 튜튼족의 승리는 선택받은 민족 전체의 승리가 되는 것이다. 체임벌린은 이런 식으로 고비노의 레이시즘 논리를 개정해서 그 어떤 독일인도 배제하지 않도록 바꾸어 놓았다. 그는 독일이라는 국가에 정확히 맞아떨어지는 찬사를 보냈고, 그 국가야말로 선택받은 민족의 혈통이 가장 순수하게 유지되는 곳이었다. 선택받은 세 혈통이 뒤섞이는 일은 불임을 방지하고 독일을 위대하게 만들기 위해 마땅히 필요한 것이었다.

그러나 독특한 신체적 특성을 공유하지 않는다면, 체임벌린의 '위대한 인종'은 어떻게 판별해야 할까? 그의 인종은 통솔의 원칙을 이해하는 유일한 인종으로서, 선택한 지도자에게 흔들림 없는 충성을 바친다. 이탈리아인이나 프랑스인에서 이런 특성을 발견한다면, 체임벌린은 그들 또한 어떤 나라에 태어났든 튜튼족임을 확신할 수 있다고 말한다. 타국에서 이런 특성이 발견된다는 사실은, 체임벌린에게 있어 그 나라들이 이룩한 위업이 전부 독일 혈통에 의한 것이라는 증거일 뿐이었다. 그가 튜튼족이라 주장한 사람들에는 루이 14세, 단테, 미켈란젤로, 마르코 폴로, 예수 그리스도가 있었다. 그는 독일이라는 국가의 그 어떤 구성원도 배제하지 않는 방식으로 인종을 정의하려고 세심하게 노력했다. '행동으로 독일인임을 증명한 자는, 어떤 가계에 속해 있어도 독일인임이 분명하다.' 이런 선언 속에서는 '인종'이란 단어 자체의 의미가 사라지게 되지만, 20세기 유럽의 잡종 국가에 적용할 수 있는 레이시즘 이론을 만들기 위해서는 피할 수 없는 대가였을 것이다. 체임벌린의 주장에서는 응보의 여신이 레이시즘 복음을 잡아먹었다 할 수 있을 것이다.

그는 반유대주의 또한 같은 식으로 해설했다. 지난 10년 동안 우리가 나치 교리와 연관지어 생각하게 된 모든 반유대주의 주장은 『19세기의 기초』에서도 등장한다. 그러나 체임벌린은 유대인을 신체적 특성이나 가계도에 따라 정의하지 않았다. 그는 신체 측정으로는 현대 유럽인 중에서 유대인 혈통을 정확하게 골라낼 수 없다는 사실을 잘 알고 있었다. 유대인이 적인 이유는, 그들의 특수한 사고 및 행동 방식 때문이었다. '누구나 언제든 유대인이 될 수 있다…… 그저 유대인과 빈번한 교류를 나누고, 유대인 신문을 읽는 따위의 행동만 하면 된다.'[48] 따라서 체임벌린은 세계 대전 이전의 인종차별주의자 중에서 가장 솔직했다고 평할 수 있을 것이다. 레이시즘 논의를 필연적인 결론으로 이끌어내는 과정에서, 그는 인종 자체를 완벽히 부인하고 레이시즘에 인종이란 필요치 않다고 당당하게 선언한 것이다. 양차 세계 대전 사이의 전간기에, 인종차별주의자들은 유리할 때마다 체임벌린의 자기모순적인 주장을 꾸준히 되풀이했다.

독일의 레이시즘 문헌은 1차 대전이 가까워질수록 선동적으로 변해갔고, 사실을 장애물로 여기지 않게 되었다. 1914년에는 레이시즘이 이미 국가의 신앙이 되었다. 1차 대전이 끝나고 바이마르 공화국이 무너지자, 패배로 혼란에 빠진 독일은 레이시즘을 국가 정책의 근간으로 삼았다. 독일 레이시즘 이론의 목적을 정복자의 위광을 뽐내는 것에서 굴욕과 절망을 겪은 민중을 이용하는 것으로 바꾸는 일은 그리 어렵지 않았다. 히틀러는 1920년대에 교도소에서 『나의 투쟁』을 집필하면서 이런 부류의 변신을 완수해야 한다고 지적했다. 전쟁 전의 독일은 국가주의의 인종적 근본, 즉 '지구상에 생명이 존재하게 해 준 유일한 법칙'을 간과했다는 것이다. 독일은 유대주의라는 독사를 품에 안아 키웠고, 그 결과 유대인 때문에 독일 국가는 패배를 맛보게 되었다. 따라서 독일 내에서 누가 북구인이고 누가 슬라브인이고 누가 알프스인인가 하는 문제는 의미가 없어졌다. 유대인이야말로 주적이며, 그 유대인은 가계도를 이용해 판별할 수 있기 때문이다. 판별이 힘든 경우에는, 나치의 이론은 다시 체임벌린의 선언으로 돌아가서 독일인의 족보가 없어도 진정한 독일인이 될 수 있다고 말한다. 이들은 이런 경우를 '비독일인의 육체에 깃든 독일의 영혼'이라 칭했다. 그러나 이런 회피는 아주 특수한 경우에나 가능했다. 다른 모든 경우에, 레이시즘의 근본은 가계도였다. 즉, 부모나 조부모가 유대인이 아니어야 한다는 것이었다. 이런 형태의 레이시즘이 국가사회주의의 근본이 되었다. 1920년대에 시작된 나치 계획의 초안에서, 아돌프 히틀러를 위시한 나치당의 지도자들은 이런 여러 내용을 넣었다. 시민권과 공직은 독일 혈통(즉, 유대 혈통이 섞이지 않은 자들)에게만 열려 있다. 진정한 독일인이 실업 상태라면 모든 비시민은 추방시켜야 하며, 경우를 막론하고 오직 특수법의 적용을 받을 때에만 체류자 자격으로 머무를 수 있다. 모든 외부 혈통의 이민은 금지한다. 기타 등등.

　1933년에 히틀러가 권력을 손에 쥐면서, 이 계획에 따르는 여러 법안이 통과되어 시행되기 시작했고, 반유대주의 박해가 산발적으로 일어났다. 그러나 소위 뉘른베르크 법안이 등장하여 모든 유대인의 시민권을 빼앗고, 유대인과 비유대 독일인의 결혼을 금지하고, 혼외정사를 범법행위로 규정한 것은 1935년 가을이 되어서였다. 같은 달에 모든 유대인 어린이가 초등학교에서 추방되었다. 1년 후에는 모든 유대인 자산과 은행 계좌에 대한 보상 없는 몰수가 시작되었고, 1937년부터는 같은 조치가 모든 유대인을 통상 부문에서 배제하려는 목적으로 체계적으로 실행되기에 이르렀다. 1938년이 되자 유대인에 대한 공격이 일상화되었으며, 베를린에서는 대량 구속이 수시로 발생했다. 그해 11월 10일에 독일 전역에서 동시에 일어난 유대인 포그롬, 그리고 당시 발생한 모든 피해의 책임을 유대인들

에게 지우고 10억 마르크의 벌금을 매긴 포고령에 대해서는
이제 온 세상이 알고 있다. 이때쯤에는 빈곤에 시달리는 독일
과 오스트리아 출신 유대인 난민이 국제적 문제가 되었으며,
1939년 초에는 베를린의 유대인 공동체에 앞으로 2주 안에 독
일을 떠나라는 통지서를 받을 100명의 유대인 명부를 매일 제
출하라는 경찰 명령이 하달되기도 했다. 이런 이민에 필요한
비용은 전혀 제공되지 않았다. 나치가 점령한 유럽 지역에서,
레이시즘 교리가 마침내 쓰디쓴 결실을 맺은 것이다.

그러나 제3제국의 레이시즘은 단순히 반유대주의만으로 끝
나는 것이 아니었다. 여기에는 처음부터 범게르만주의라는 계
획 또한 포함되었다. 1920년의 강령에서는 범게르만주의를
'대★ 게르만 권역의 모든 게르만인의 단결'이라 정의했다. 독
일인은 독일과 오스트리아에만 사는 것이 아니었다. 전 세계에
3천만 명의 독일인이 흩어져 살고 있었다. 이들도 '우리만큼이
나 뛰어나며', 혈연이라는 끊을 수 없는 사실을 통해 독일이라
는 국가의 일원이었다. 7백만 명의 독일계 미국인, 그리고 기
타 국가에 거주하는 해외 거주 독일계도, '제3제국의 적'을 돕
는다면 바로 배신자의 낙인이 찍혔다. 미합중국은 나치가 오래
전부터 적으로 낙점한 국가였다.

제3제국의 레이시즘은 새로운 정치적 필요성이 생길 때마
다 편리하게 바뀌곤 했다. 체임벌린은 튜튼족이 종교적으로 그

리스도교 신도라고 간주했으며, 그리스도교에 대한 엄청난 양의 찬사를 쏟아내었다. 반면 나치 관보의 편집장이자 레이시즘 주입의 임무를 맡은 알프레트 로젠베르크*는, 그리스도교 교단이야말로 북구인의 가장 큰 적수이며, 북구인은 과거의 군국주의적 이교를 다시 받아들이고, 교회가 주입하는 유대적이며 아시아적이며 카톨릭적인 지배를 떨쳐내야만 자신의 역량을 발휘할 수 있으리라고 선언했다.[49] 그는 북구인의 입장에서 산상수훈의 퇴폐적인 가르침이 혐오스럽다고 생각하는 사람이었다.

그러나 정치 상황의 변화는 정통 레이시즘에 그보다 근본적인 변화를 가져오게 되었다. 앞서 살펴보았듯이, 체임벌린은 독일의 위대함이 '하나의 순혈 종족에서 갈라져 나온' 튜튼족, 켈트족, 슬라브족의 혼혈에서 유래했다고 보았다. 그러나 제3제국이 1934년에 1939년에 걸쳐 러시아의 공산주의에 반대하는 성스러운 임무를 자임하면서, 슬라브족은 선민종족의 일원으로 받아들일 수 없는 자들이 되었다. 나치의 선전물 속에서, 이들은 단순히 이념만이 아니라 혈통으로도 적이 되어 버

---

* Alfred Ernst Rosenberg(1893-1946). 나치 독일의 핵심 수뇌부 일원이자 이론가. 대외정책국장으로 활동했으며 동방영토 장관으로 악명을 떨쳤다. 뉘른베르크 재판 후 교수형으로 생을 마감했다.

린 것이다. 그러나 나치는 1939년 8월 불가침조약에 서명하기 전부터 이 관점을 포기했고, 일부 관찰자는 독일이 이 문제에 대해 침묵을 지키는 모습에 불가침조약이 진행 중이라고 추측하기도 했다.

이탈리아와 맺은 동맹도 비슷한 어려움을 불러일으켰다. 1차 대전 이전의 정통 레이시즘은 지중해인에 대한 멸시로 가득했지만, 로마-베를린 축선의 성립에는 인종적인 뒷받침이 필요했다. 따라서 북이탈리아의 독일적 요소와, 고전적인 독일 인종차별주의자들이 알프스 너머의 모든 성과를 북구 피의 혼입 때문으로 돌렸던 사실을 강조하기 위해 많은 노력이 들어갔다. 체임벌린과 기타 여러 인종차별주의자들은 단테, 페트라르카, 지오토, 레오나르도, 미켈란젤로 등의 이탈리아인이 '북구인'임을 주장하는 훌륭한 업적을 남겼다. 1915년에 같은 라틴 인종이라는 이유로 프랑스가 기꺼이 동맹으로 받아들였던 이탈리아가, 이제는 튜튼족의 피를 공유한다는 이유로 독일의 환대를 받게 된 것이다.

일본과의 동맹은 한층 어려운 문제였다. 히틀러는 비아리아인을 공격하면서도 일본인은 받아들였고, 독일에 거주하는 일본인은 제3제국 인종법의 대상이 되지 않았다. 따라서 이들은 나치가 극찬한 순혈 혈통을 오염시키지 않고도 독일 아리아인과 결혼할 수 있었다. 나치 치하에서 예나 대학의 인류학 교수로 근무한 한스 귄터는 일본인의 조상 중에 북구인이 있으리라 믿는다. 그리고 '나치 정신훈련의 감찰관' 알프레트 로젠베르크 박사는 일본인이 독일의 지도력을 생물학적으로 공유한다는 내용을 학교에서 가르쳐도 된다고 공식적으로 승인했다. 총칼과 수용소로 선전 내용을 뒷받침할 수 있다면, 인류학적 진실이 아무리 우스꽝스럽게 왜곡된다 해도 선전으로서의 효용은 지니게 마련이다.

제3제국에서 레이시즘 정책은 터무니없는 과학적 근거를 바탕으로 두었으며, 어딜 봐도 그 순간의 협상과 박해를 정당화하기 위해 이용된 것이 명백했다. 독일이 러시아를 침공하자 러시아인은 다시 독일의 '인종적' 적수가 되었다. 노르웨이가 나치의 테러에 저항했기 때문에, 이제 베를린은 노르웨이인을 공식적으로 비북구인이라고 선포했다. 따라서 앞으로 수년 후에 독일의 레이시즘 이론이 어떤 형태일지를 말할 수 있는 사람은 아무도 없다. 레이시즘의 미래가 과거와 같다면, 이들 이론은 과학적 사실이 아니라 어떤 특정 조약이 맺어지거나 깨지고, 어느 쪽 무력 외교의 위상이 상승하느냐에 따라 달라질 것이다.

비단 제3제국만이 아니라, 레이시즘을 공부하다 보면 그 교리 자체가 정치적 목적을 위해 선포된다는 비슷한 증거를 여럿 찾을 수 있다. 평시에든 전시에든, 정치적 동맹 관계에 따라 특정 국가가 같은 피의 형제가 될 수도, 운명의 적수가 될 수도 있는 것이다. 1차 대전의 위협이 찾아오기 전의 세계에서, 칼라일과 역사가 J. R. 그린은 용맹한 게르만족 부족들이 잉글랜드인의 조상이라 말했다. 1914년의 영국인은 '게르만족은 15세기 이전과 똑같은 자들이다. 우리 조상을 약탈하고 로마제국의 문명을 파괴한 야만인들이다'라고 주장했다. 독일인은 '훈족', 즉 야만스러운 동방에서 온 몽골 침략자가 되었다. 그러나 러시아는 1914년에 연합군과 같은 쪽에 있었기 때문에, 레이시즘 관점은 켈트의 영혼과 슬라브의 영혼 사이의 밀접한 관계를 인정했다.

국가주의적 레이시즘의 역사는 어딜 봐도 쇼비니즘의 역사일 뿐이다. 서양 문명의 역사와 인종의 진실을 잘 알고, 맹목적 애국주의와 사실을 분별하고자 하는 곳에서는, 이런 레이시즘은 누구의 관심도 끌지 못할 것이다. 그러나 자만심과 공황에 빠진 자들을 만족시키려면 쉽고 편한 주장이 필요한 법이고, 레이시즘은 기꺼이 그런 주장이 되어 주었다. 좌절에 빠진 민족은 희생양을 찾기 마련이며, 레이시즘은 한편으로는 이들이 시대를 물려받을 상속자라고 속삭이며, 다른 한편으로는 근절해야 할 열등한 혈통을 가르쳐 주었다. 지난 50년의 관점에서 확인할 수 있듯이, 레이시즘은 과학이 아니라 정치에서 시작된 것이다. 레이시즘은 끊임없이 자신을 부인하는 과학을 왜곡하려 시도해 왔다.

따라서 국가주의 시대의 레이시즘이란 정치가의 놀잇감일 뿐이다. 신체측정 결과로는 비슷한 인종 구성을 가지는 사람들이, 레이시즘을 이용해 서로에게 험담을 던진다. 명확하게 인종적으로 서로 다른데도 상대방이 동맹이라면 인종적 형제로 만들려 시도한다. 레이시즘이란 위험한 놀잇감이며, 그 순간의 적을 규탄하기 위해서는 어느 쪽으로도 칼날을 돌릴 수 있다. 레이시즘의 역사를 고찰하다 보면 피할 수 없는 결론에 이르게 된다. 레이시즘을 주장하는 것은 공격성이나 동맹 관계가 자기 본위적이라는 사실을 숨기기 위한 연막이라는 것이다. 레이시즘은 위장에 지나지 않는다. 세계정세를 현실적으로 받아들이기 위해서는, 우리는 레이시즘 구호의 배후를 파고들어 그들이 조성하려는 갈등의 본질을 직시할 필요가 있다. 갈등 중에는 정당한 것도 있으므로, 어쩌면 특정 갈등이 필요하다는 결론을 내리게 될지도 모른다. 그러나 그 결정을 수상쩍은 레이시즘에 의거해 내려서는 안 될 것이다.

사람들의 주장

(프랑스 혁명 이전에는) 서로 다른 인종끼리 반목하는 경우가
수없이 많기는 했으나, 그런 갈등의 원인이 인종 대립인 경우는 드
물었다. 땅을 차지하려 싸우고, 서로를 약탈하기도 했다. 정복을 통
해 영광을 찾기도 했다. 그러나 그 와중에서 인종의 차이가 전면에
나선 적은 없었다.

제임스 브라이스,[*] 『역사의 요소로서의 인종 정서*Race Sentiment as a
Factor in History*』. 크레이튼 강의. 런던, 1915, pp. 25, 26.

오늘날 사람 간의 관계에서, 인종 문제는 다른 어떤 갈등보다 더
욱 위험한 요소로 작용한다. 인종 문제만큼 군중의 격노, 편견, 공
포를 손쉽게 일으키고 억누르기 힘든 갈등은 찾아보기 힘들다.

한스 콘,[**] '인종 갈등'. 『사회과학백과*Encyclopedia of the Social*

---

[*] James Bryce, 1st Viscount Bryce(1838-1922). 영국의 법학자, 역사가,
정치가. 여러 정부 요직을 역임했으며 미합중국 대사로 활동했다. 저술을
통해 영국인의 미국에 대한 이해에 크게 기여했다.

[**] Hans Kohn(1891-1971). 미국의 철학자, 역사가. 국가주의, 범슬라브주
의, 독일 사상에 대한 여러 저술로 국가주의 이해의 권위자로 여겨졌다.

Sciences』, Vol. XIII, 1934, p. 41.

모든 명망 있는 인류학자는 인종심리학이라는 유해한 거짓말을 배격한다. 이런 이론을 설파하고 저술하는 자들은 소수민족 억압을 정당화하고 싶을 뿐이다. 인종에 대한 정치 이론은 그저 전체주의 신봉자들의 미숙한 정신에 들어맞도록 고안한 선전용 도구일 뿐이다.

어니스트 A. 후튼, 『인류의 황혼*Twilight of Man*』. 뉴욕, G. P.
Putnam's Sons, 1939, p. 129.

(레이시즘이란) 실질적으로 아무런 내용 없이 오로지 아부만으로 구성된 신념 체계를 이용해 자존심과 권력욕을 고취하는 수단이다.

버트런드 러셀, '파시즘의 근원', 『게으름에 대한 찬양*In Praise of
Idleness*』에서. 뉴욕, W. W. Norton & Co., 1935, p. 114.

그러나 레이시즘의 신조를 믿는다는 사실은 최상의 경우라 해도 국가주의적 쇼비니즘일 뿐이며, 일반적으로 그 개인의 미숙함의

증상, 경험의 부족, 지적인 빈곤을 드러내 줄 뿐이다.

프리드리히 헤르츠,* 『인종과 문명*Race and Civilization*』, 뉴욕,
Macmillan Co., 1928, p. 323.

---

* Friedrich Hertz, aka Fredrick Hertz(1878-1964). 오스트리아 출신 영
국 사회학자, 경제학자, 역사가. 나치당의 집권 후 유대인으로 몰려 영국
으로 망명했다. 인종주의와 국가주의에 대한 비판적 서술로 유명하다.

8장 그렇다면 왜 인종 편견이 발생하는가?

앞에서 살펴본 대로, 인류의 진보가 단 하나의 인종의 성과라거나 미래의 인종 위생 계획에 안전하게 의지할 수 있다는 식의 생각은 인종에 대한 모든 과학적 지식과 모순된다. 그 어떤 위대한 문명도 순혈 인종의 작품이 아니었다. 그리고 역사학, 심리학, 생물학, 인류학 중 어느 관점으로 보아도, 현존하는 특정 인류 혈통에 미래를 맡겨야 한다는 결론은 나올 수 없다. 레이시즘은 과학적 지식을 뒤튼 결과물이며, 계속해서 특정 집단의 우위를 설파하기 위한 특정한 목적으로 사용되어 왔다. 그 집단은 설파자 본인이 속하는 계급이나 국가이며, 그는 자신의 집단이 영원히 지고의 위치를 차지하리라 믿고 싶어한다.

그렇다면 우리 시대에 레이시즘이 그토록 사회적으로 중요한 요소가 된 것은 무엇 때문일까? 이 문제를 언급하지 않고는 인종이나 레이시즘에 대한 논의는 완결될 수 없다. 또한 정말로 시급한 문제이기도 한데, 그 해답에 따라 어떤 방식의 치료제를 사용해야 할지도 결정될 것이기 때문이다.

이 문제의 해답을 얻으려고 섬세하게 조율한 이론이나 자아성찰을 할 필요는 없다. 역사가 이미 여러 번에 걸쳐 해답을 제공했기 때문이다. 그저 약간의 균형감각만 있으면 된다. 우리는 오늘날의 인종차별주의자들이 주장하는 현대적 레이시즘 교리를 이미 살펴본 바 있다. 그러나 그 교리는 그저 오래된 인간의 강박을 표출할 뿐이며, 바뀐 것은 그 '이유'뿐이다. 여기서 오래된 인간의 강박이란 자신의 집단이 특별히 가치 있으며, 그 가치가 약해지면 온갖 귀한 것들이 스러질 것이라는 믿음이다. 따라서 그 특별한 가치를 털끝만큼이라도 잃는 것보다는 차라리 백만 명의 목숨을 바치는 편이 낫다. 어떤 영역에서든 도전자를 제거하는 것이 신이 부여한 사명이 되는 것이다.

그러나 그 영역은 변화하게 마련이다. 특정 영역에서 승리하여, 한때 전장이었던 곳에 관용과 협력이 구축될 때마다, 우리는 과거를 돌아보며 그것이 인간의 끔찍한 일탈의 예시라고 생각한다. 과거의 인간과 우리는 다르며, 이번에는 진정으로 진보를 이룩했다고 믿는다 — 적어도 다음 세대가 등장하여 우리를 돌아보고, 상호 불관용을 다른 영역으로 옮기기만 했을 뿐이라는 결론을 내리기 전까지는 말이다. 몇 세기 동안 그 전장은 종교였다. 이단심문도 순수한 야만인 것만은 아니었다. 그저 특정 영역에서 온갖 함의를 지니는 특수한 가치를 지키고자 했을 뿐이고, 오늘날 우리가 그 영역을 개인의 선택에 맡기게 되었을 뿐이다. 따라서 과거 인류의 자만심과 그 결과를 반추해 보지 않고는 레이시즘을 균형 잡힌 시각으로 살펴볼 수도 없을 것이다. 인종이 아니라 종교 영역이 전장이었다는 사실은 당시의 시대상을 반영한다. 그 외의 다른 모든 측면에서, 종교 박해와 인종 박해는 서로 닮은꼴이다. 양쪽의 지지자들은 비슷한 성스러운 임무를 자임한다. 그리고 죽이고 약탈하며 일시적으로 부유해진다. 역사적 관점에서 볼 때, 이들은 모두 정치적 목적을 달성하기 위해 허구의 전선을 형성했다. 그리고 훌륭한 문명을 파괴했다. 굳이 양쪽에서 차이점을 찾는다면, 전자의 탄압이 적어도 후자보다는 제대로 정당화의 과정을 거쳤다는 점을 들 수 있을 것이다. 중세 세계는 인간의 존재가 이어질 영생에 비하면 아주 사소한 단막극에 지나지 않는다고 확신했기 때문에, 수천의 영혼을 파멸로 이끌 적그리스도를 죽이는 일은 공통된 인간성을 따르는 길이라 생각했다. 오늘날 우리는 이런 주장을 거짓이라 판단하지만, 오직 자신들만이 신의 명령을 받았다고 믿던 자들의 고귀한 동기를 과소평가해서는 곤란하다. 이들은 단순히 자만심 때문에 움직인 것이 아니라, 세상을 신의 말씀에 충실하게 만들고 최대한 많은 영혼의 구원을 얻어내고자 하는 의무감에서 움직인 것이다. 오늘날 우리가 애국심이나 계급 자부심이 가치 있다고 여기는 것처럼, 당시 수많은 성직자들은 이것을 가치 있는 감정이라 여겼을 것이다. 그러나 역사의 가르침에 따르면, 이런 고귀한 감정이 상대방 진영 전원에 대한 절멸 전쟁으로 이어질 경우, 가해자는 피해자와 함께 고통받게 되고, 이는 곧 공동체 전체의 비극을 불러온다.

이단 심문의 경우에도 그런 일이 벌어졌다. 1200년에서 1250년 사이, 로마 카톨릭 교단은 정치적, 세속적 권력의 정점에 있었고, 동시에 이단 심문의 전성기이기도 했다. 이단 사냥은 근년의 독일에서 유대인 사냥이 그랬듯이 소수자 박해의 분출이었다. 박해자들에게 단기간의 이득을 가져왔다. 정치적 목적에서 연막으로 사용될 수 있었다. 박해자들은 피해자의 재산을 압수하여 부유해졌다. 그리고 증오의 작전으로 진정으로 중요한 문제에 관심을 돌리지 못하게 만들었다. 역사적 관점에서 볼 때, 당시 진정으로 중요한 문제는 두 가지였다. 하나는 사상의 자유 문제였는데, 이단 심문의 그 어떤 고문으로도 이 문제를 뿌리 뽑지 못했으며 결국에는 주교와 왕들의 반대에도 불구하고 승리를 거두게 되었다. 다른 하나는 당대 카톨릭 사제들의 세속화, 그리고 일부 경우에는 부패의 문제였다. 심지어 최고 공의회에서도 한동안 심각한 문제로 다루었으며, 힐데

브란트(그레고리오 7세)와 베르나르 드 클레르보 아래에서 개혁을 향한 강력한 시도가 이루어졌다.* 그러나 때가 상서롭지 못한 탓에 이단자들이 교회에 대항해 부도덕한 목소리를 높이기 시작했다. 교회는 이단자를 짓밟는 과정에서 일련의 절멸 정책을 펼쳐서 신도들의 관심을 흡수하고 자기네 사이에서의 개혁을 늦추는 데 성공했다.

정치적 목적으로 형성한 전선이라는 측면에서, 남프랑스에서 이단 심문은 커져가는 카페 왕조의 세력에 대항하는 반대파를 짓밟기 위해 사용되었으며, 피렌체에서는 루지에리 사제의 잔혹한 이단 심문이 기벨리니(황제파)의 반란을 진압하는 용도로 사용되었다. 프랑스에서도, 이탈리아에서도, 스페인에서도, 이단 심문이 융성한 곳에서는 언제나 같은 목적의 강권 정치가 존재했다. 이런 공동 목표의 한도는 이단자의 소유물을 압류하는 관습에 따라 달라졌다. 이단 심문이라는 행위 자체는 이단 화형과 고문을 통한 고백의 유효성이라는 대중의 믿음과 연결되어 있었으나, 사회학적으로 더 중요한 쪽은 재산의 압류

* 그레고리오 7세는 성직매매 금지, 성직자 혼인 금지, 속권의 성직자 서임 금지 등의 개혁을 벌이다 하인리히 4세와 대립했고, 이후 카노사의 굴욕과 이탈리아 침공으로 이어진다. 베르나르 드 클레르보는 시토 수도회를 통해 12세기 카톨릭 개혁을 이끌었으며, 아벨라르와 이단에 대적하고 2차 십자군을 지원했다.

였다. 원래 이단 심문으로 압류한 재산은 교회가 아닌 왕이나 세속 지도자의 소유였다. 1250년에 거의 근접할 때까지도 교황령, 그리고 이단 심문관은 이런 부의 일부를 소유할 권리를 인정받지 못했고, 언제나 가장 먹음직스러운 부분은 세속 권력에 돌아갔다. 이단 사냥은 쏠쏠한 소득을 보장받는 행위였으며, 부와 권력을 탐하는 이들은 기꺼이 그 기회를 거머쥐고, 이단자들이 전능하신 주님을 배반하는 죄를 저질렀다는 교리 뒤에 자신의 만족감을 숨겼다.

'신의 이름으로' 저질러진 가장 유명한 이단 심문은 13세기 전반에 남프랑스의 이단자들을 대상으로 이루어졌다. 이들 이단은 알비파라는 이름으로 알려졌으며, 그들이 살던 프로방스 지방은 로마 카톨릭의 손아귀가 비교적 느슨한 지역이었다. 당시 프로방스는 북프랑스와는 거의 공통점이 없었으며, 그곳을 다스리는 귀족들도 프랑스 왕의 봉신이 아니었다. 남프랑스의 툴루즈 가문은 특히 영광스러운 역사를 자랑했다. 2세기 동안 툴루즈 백작령은 예술과 문예에 대한 사랑, 그리고 부유함과 기사도로 유명했으며, 프로방스의 절반에 대해 주권을 확립하고 있었다. 그곳의 도시들은 프랑스에서도 가장 부유하고 독립적이었으며, 그 문화는 당시 여러 면에서 서구 세계보다 훨씬 개화되어 있던 팔레스티나의 사라센인이나 스페인의 무어인들과 상품과 사상을 교환하며 깊은 영향을 받았다.

비파 이단은 중세의 다른 여러 마니교 계열 이단과 마찬
가지로 엄격한 금욕주의를 통해 인간이 원죄에서 해방될 수
있다고 가르쳤다. 마니교의 우주관은 모든 것을 선과 악, 빛과
어둠의 대립 관계로 여기며, 식물에 함유된 빛을 섭취하고 고
기에 함유된 어둠을 피해야 하며, 관능적인 행위의 어둠을 뿌
리 뽑아야 의로움에 이를 수 있다고 보았다. 여러 오리엔트 계
열 종교에서 그렇듯이, 이렇게 고행을 완료한 구도자는 신격을
얻어 평신도들의 숭배 대상이 되었다. 이런 이단적 가르침에
내포된 이원론적 요소는 이해하기 쉬울뿐더러 세상에 창궐하
는 악에 대한 설명을 제공했기 때문에, 당시의 혼란스러운 상
황에서는 상당히 매력적이었다. 그러나 오늘날 우리는 알비파
의 가르침에 대해서 거의 아는 것이 없다. 우리가 아는 것은 대
부분 그들이 당대의 교회 사제 계층의 타락에 대항한 방법들
뿐이다.

프로방스는 남북으로 굳건한 카톨릭의 요새에 둘러싸여 있
었지만, 그 내부에서는 교회의 세력이 약한 편이었다. 프로방
스 문화의 뿌리는 로마가 아니었기 때문이다. 당시 상승 중이
던 도시의 부르주아 계급은 특히 이런 이단을 옹호했으며, 이
들 계급의 독립성이 자라나자 당시 세속적 권력의 정점에 있
던 교회는 이들의 위험성을 심각하게 여기게 되었다. 교황령
은 북프랑스의 신실한 사제들에게 이단적인 프로방스에 대한

절멸 계획을 설교하라고 지시했고, 그에 따라 십자군이 일어 역사상 가장 무자비한 종교 전쟁 중 하나를 치르게 되었다. 그 결과 북프랑스의 카페 왕조는 대규모 처형으로 도시의 독립적 인 부르주아 계급의 수를 크게 줄이고, 남프랑스에서 융성하던 문화를 완전히 파괴한 끝에 프로방스의 지배권을 확립했다. 이 후로도 백 년 동안 화형은 끊이지 않았고, 마침내 이단은 완전 히 박멸되었다.

이런 부류의 이단 심문은 근대까지 이어지지 않았으나, 종 교 박해는 살아남았다. 프랑스에서 일어난 이런 갈등 중에서 가장 끔찍했던 것은 16세기와 17세기에 있었다. 당시 프랑스 의 신교도는 위그노라 불렸다. 16세기 중반에 들어 위그노의 수는 증가하기 시작했다. 알비파 이단과 마찬가지로 이들은 주 로 부유한 부르주아였고, 16세기의 부르주아는 프랑스 왕의 손에 권력이 집중되는 것을 반대했다. 종교라는 미명하에 피 비린내 나는 전쟁이 한 세대(1562-1593) 동안 이어졌지만, 결 국 대부분 정치경제적인 측면의 전쟁일 뿐이었다. 위그노의 지 도자였으나 배교를 선택한 나바르의 앙리가 1594년 앙리 4세 로 프랑스 왕위에 올랐고, 낭트 칙령의 반포로 신교도의 모든 시민권을 인정하며 카톨릭의 권리 또한 빼앗지 않았다. 완벽 한 승리였다. 이제 프랑스의 법률은 종교와 정치의 자유를 인 정하게 되었으나, 과거에도 그랬고 앞으로도 그럴 것처럼 갈등속되었다. 왕가는 계속 카톨릭이었으며 카톨릭 사제들은 낭트 칙령을 받아들이지 않았다. 이내 리슐리외 추기경 프랑스의 실권을 잡았다. 추기경이자 동시에 왕실 고문관이 었던 그는 내정에서 왕에게 권력을 집중하는 정책을 폈고, 위그노들은 여기에 반대하는 입장이었다. 따라서 그의 내정에는 잔혹한 반反 위그노 정책이 판을 쳤으며, 그는 이 정책을 종교의 이름으로 밀어붙였다. 리슐리외가 사망한 후 루이 14세는 이렇게 얻은 왕권을 최대한 활용했다. 그가 품은 절대왕정의 꿈을 이룩하려면 위그노가 사라질 필요가 있었다. 그는 법적인 박해 정책을 추진하여, 종교 활동과 시민으로서의 여러 권리에 차별을 가했고, 끔찍한 '용기병의 박해'에서는 고문을 통해 '왕의 종교'를 받아들이도록 만들기도 했다. 마침내 1685년에 이르러 루이 14세는 자신의 신민이 모두 카톨릭이므로 필요가 없어졌다며 낭트 칙령을 폐지하기에 이르렀다. 신교도들은 이민을 떠나거나 갤리선의 죄수가 되었다. 이런 행동은 루이 14세에게 절대왕정을 선사했고, 위그노에게서 압류한 재산으로 금고를 채워주기도 했다. 더불어 프랑스는 40만 명의 국민을 잃었고, 이들 명석하고 용감한 사람들은 그들을 받아준 나라를 풍요롭게 하는 일에 자신의 능력을 사용했다.

알비파 십자군과 위그노 추방은 레이시즘 이전의 기나긴 소수집단 억압의 이야기 중에서도 그저 두 번의 고점이었을 뿐이다.

　소수집단의 억압은 20세기에 들어 벌어진 각종 탄압과 국가주의 전쟁 속에서도 계속 이어졌다. 오늘날의 세계와 마찬가지로, 13세기와 16세기도 새로운 경제적, 사회적 필요성이 끓어오르던 시대였다. 구체제의 일부 요소를 적대하는 집단이 등장하고 있었다. 권력을 잡은 집단은 고문, 사형, 재산 압류로 그에 대항했다. 권력 집단은 언제나 이런 행동을 할 수 있으나, 역사의 관점에서 보면 이런 압박은 공허한 승리만을 불러왔을 뿐이다. 이단 심문의 시대는 프로방스 문명이 파괴된 시점일뿐만 아니라 교회의 속권 몰락이 시작되는 지점이기도 했다. 위그노 추방으로 프랑스가 얻은 것이라고는 루이 14세 치하의 일시적이자 파멸적인 영광뿐이었다. 종교 박해는 갈수록 커지는 사상의 자유에 대한 요구도, 부르주아 계급의 성장도 막지 못했다.

　레이시즘 논리의 이해 측면에서 보자면, 이런 사건 전체로부터 두 가지 결론을 끌어낼 수 있을 것이다. 하나는 인종 박해를 이해하려면 인종을 탐구하는 것이 아니라 박해를 탐구해야 한다는 것이다. 박해란 레이시즘이 생겨나기 전부터 존재했던 아주 오랜 관습이다. 사회 변화란 필연적이기 마련이며, 구체제와 연결된 이들은 언제나 그런 변화에 저항하게 된다. 이런 연결은 중세 유럽에서처럼 경제나 종교일 수도 있고, 로마의 파트로네스 제도처럼 공동체 소속의 문제일 수도 있다. 이런 연결 고리를 가지고 있는 이들은 의식적이든 무의식적이든 자신의 집단이 절대적인 가치를 지닌다는, 그리고 후발주자들이 문명의 성취를 위협한다는 근거를 찾으려 애쓰게 마련이다. 이들은 상속권이나 왕권신수설이나 종교의 정통성이나 인종 순혈론이나 정복자의 운명 따위를 부르짖게 마련이다. 이런 부르짖음은 그 순간의 일시적인 상황을 반영할 뿐, 구호를 주창하는 자들이 아무리 노력해도 그 안에 영속적인 진리가 내재되어 있으리라 믿게 되지는 않는다. 북구인주의의 구호는 '쿨리지와 함께 차분하게Keep Cool with Coolidge'나 '우리를 전쟁에서 구한 그He Kept Us Out of War'* 따위의 미 대선 구호와 같은 부류이며, 사회적 필요성이 조금만 바뀌어도 덧없이 사라지게 된다. 모든 구호는 당대의 신념이나 불만을 표현한다는 점에서 어느 정도까지는 쓸모 있다고 할 수 있다. 종교적 구호는 강력한 종교적 이해가 존재하던 시대와 지역에서 정치적으로 유용했다. 세속의 특권이 그보다 앞서고 종교 권력 간의 갈등이 덜 중요한 시대가 찾아오자, 종교 구호는 과거만큼 소수자 탄압을 정당화하는 수단으로서 효율성을 발휘하지 못하게 되었다.

---

* 캘빈 쿨리지(1924)와 우드로 윌슨(1916)의 대통령 선거 슬로건.

이번 세기의 레이시즘 구호는 과거의 종교 구호와 같은 역할을 수행한다. 즉, 일부 계급이나 국가의 이득을 위해 탄압을 정당화하는 것이다. 레이시즘 구호는 특히 우리 시대에 걸맞다. 이번 세기에 들어 과학이란 신뢰를 불러오는 마법의 단어가 되었고, 애석하게도 그 단어는 거짓 신뢰를 불러오기 위해서도 사용된다. 소위 말하는 과학을 주장의 근거로 사용하는 것은 비단 레이시즘만이 아니다. 얼마 전, 어느 화장품 제조사가 자사 상품의 여러 광고의 효용을 조사한 적이 있다. 판매에 가장 도움이 되는 두 단어는 '즉각'과 '과학적'이었다. 모든 립스틱, 모든 화장분은 '과학적'인 독특함을 지니고 있다고 주장해야 하며, 그런 야단법석에 수백만 명이 감명을 받는다는 것이다. 가짜 약품, 잡화점 음료, 건강식품의 경우도 마찬가지며, 결국에는 연방 정부에서 제작사의 주장을 감독하여 공공의 이익을 보호해야 하는 상황이 찾아온다. 오늘날 '과학'이라는 구호는 온갖 것들을 팔리게 할 수 있고, 인종 탄압도 립스틱과 같은 방식으로 팔리게 된다. 과학자들은 그렇게 광고하는 립스틱이 다른 상품들과 별 차이가 없거나, 심지어 실험실에서 해롭다는 것이 증명되었다고 끊임없이 지적한다. 어느 인종도 능력이나 덕성을 독점하지 못하며, 과학적으로 인종차별주의자들의 주장은 전혀 신뢰할 수 없다고 말한다. 과학자에게 있어 과학이란 하나의 지식 체계다. 과학을 마법 체계로 사용하려는 시도는 혐오스러울 수밖에 없다. 그러나 '과학적'은 우리 문명의 마법의 단어이며, 그 목적과 무관하게 어디서나 그 마력을 발휘한다.

레이시즘 구호로 갈등을 정당화하려는 시도는, 근대의 또 다른 상황에서 그 뿌리를 찾을 수 있다. 인종을 이유로 가하는 탄압은 지나치게 손쉽기 마련이다. 오늘날의 서구 문명에서는 온갖 다른 혈통이 서로 접촉하며 살아가기 때문이다. 인종차별주의자가 목청을 높이는 이유는 그들의 집단이 순혈에 속할 이유가 있어서가 아니라 오히려 그렇지 않기 때문이다. 다른 말로 하자면, 오늘날에는 여러 인종 집단이 같은 도시 또는 국가에서 함께 살아가거나, 같은 문명에 속한 국가들끼리 국가주의 전쟁을 벌이고 있기 때문이다. 따라서 종종 지적되는 역설이 등장한다. 인종 순혈론을 주장하는 민족이야말로 가장 혼혈이 심한 이들이라는 것이다. 인종 집단의 관점에서 보면 말도 안 되는 일이지만, 탄압 집단의 관점에서는 필연적이라 할 수 있다. 조금도 중요치 않은 사람들을 상대로 전투의 함성을 올리는 집단은 없다. 갈등이 일어나려면 일단 접촉해야 한다. 유럽에서 레이시즘 구호는 계급과 국가 갈등 때문에 등장했다. 과거 탄압을 부르짖던 종교 구호는 그 영향력을 잃었으며, 레이시즘은 현대 과학의 사생아로 진화하여 그 자리를 차지했다. 그러나 역사의 관점에서 보면, 레이시즘은 그저 권력자의 이득을 위하여 소수자를 탄압하는 또 하나의 사례일 뿐이다.

일단 인종 갈등이 단순히 당대에 유행하는 탄압을 정당화하기 위한 논리라는 것을 깨닫고 나면, 모든 레이시즘 이론 속의 기묘한 모순이 명확해진다. 인종차별주의자들은 인류의 본능인 타 인종에 대한 혐오로부터 끊임없이 인종 편견을 유도해내고, 역사가와 생물학자와 인류학자는 보편적인 인종 혼합의 관점에서 그런 이론이 불가능함을 끊임없이 지적한다. '자연이 인종 간 혼혈을 혐오한다면, 자연 상태에서 혼혈이 그렇게 많이 발생하는 이유가 무엇인가?'[50] 그러나 어떻게 정의되는 집단이든, 두 집단 간의 결혼에는 갈등이 뒤따르게 마련이다. 굳이 인종 문제일 필요도 없다. 로마의 귀족 계층도 같은 방식으로 서민 계층과의 결혼을 꺼렸고, 프랑스의 카톨릭교도들은 위그노와의 결혼을 꺼렸다. 자신의 인종만 성적으로 매력적으로 보이게 하는 본능 따위가 있는 것이 아니라, 내집단이 외부인에게 지위를 부여하기를 꺼리기 때문이다. 외부인과 특권을 공유하고 싶지 않은 것이다. 이런 내집단이 세계 각지의 원주민과 접촉한 앵글로-색슨처럼 인종 면에서 정의되는 경우에는 내집단을 유지하고자 하는 욕망이 선택적 짝짓기로 이어지게 되지만, 당연하게도 혼외정사까지는 막지 못하는 것으로 악명이 높다. 인도의 하프카스트half-castes나 아메리카 대륙의 물라토mulattoes 중 상당수가, 인종 차별적 반감이 다른 인종의 구성원에 대한 본능적 혐오가 아니라는 증거가 될 것이다.

눈에 띄는 인종적 차이를 이용해 인종 편견을 설명하려 하는 이론가들도 마찬가지로 혼란에 빠지기 일쑤다. 이들은 생김새와 피부색의 또렷하고 충격적인 차이 때문에 인종 편견이 발생한다고 말한다. 그러나 이들은 단순한 차이와 탄압의 근거가 되는 차이를 헷갈리고 있을 뿐이다. 이단 심문의 희생양이 되었던 위그노나 알비파는 피부색이나 코 모양이 특별히 다르지 않았다. 반면 빈곤은 머리색이나 두상만큼이나 명확하게 집단을 갈라놓는 역할을 한다. 집단을 구분하는 요소는 인종 외에도 수없이 많다. 미사에 참석하는지 여부나, h 발음을 묵음으로 처리하는지 여부도 그런 요소가 된다. 원시 부족은 같은 인종이며 같은 언어를 사용하는 이웃 부족이라도, 그들이 짐바구니를 나르는 방식이 인류에 대한 모욕이라는 이유를 들어 보이는 족족 살해할 수 있다. 인종 편견이 이 세계의 새로운 문제가 되는 이유는, 피부색 등의 인종적 특성이 '가시성'이 높기 때문이 아니라, 그런 인종적 특성이 여러 세대에 걸쳐 내려온다는 사실 때문이다. 카톨릭교도가 미사 참석을 그만둘 수도 있고, 위그노가 '파리는 미사를 드릴 가치가 있다'*라며 성사를 받을 수도 있다. 아니면 『피그말리온』의 여주인공처럼 모국어 발음을 옥스퍼드식으로 고칠 수도 있다. 그러나 흑인이 그저 '섞여들' 수 있게 될 리는 없으며, 손자 대에 이르러도 그런 일이 가능할 정도로 밝은 피부색을 가지게 될 리도 없다. 이것은 '가시성'의 문제가 아니라 그 차이가 비교적 영속적이기 때문에 벌어지는 문제다. 인류의 오랜 역사 동안 탄압은 더 강해질 때도 있었고, 온건해질 때도 있었다. 그러나 이런 변동은 인종의 가시성이 존재하는지의 여부와 항상 비례하는 것은 아니었다.

인종 편견의 본질에 대한 잘못된 설명은 사실 큰 문제가 되지 않는다. 적어도 본능적인 반감이나 인종의 가시성의 역할 등의 이론적 문제에 머무를 때는 그렇다. 이보다는 훨씬 중요한 문제가 하나 있다. 인종 갈등을 이해할 때 우리가 깊이 살펴보아야 하는 것이 인종이 아니라 갈등이라는 점을 고려하면, 훨씬 극단적인 문제가 수면에 떠오른다. 인종 편견 문제가 터져 나올 때마다, 여기에는 특정 집단, 또는 집단들 사이의 훨씬 근본적인 원인이 연관되어 있다는 의미가 되는 것이다. 그저 과거에 종교를 부르짖던 위치에 오늘날에는 인종이 들어가 있을 뿐이다. 문명화된 인간으로서 종교적이든 인종적이든 특정 편견을 종식하고자 한다면, 모두의 안녕을 위해 종교나 인종과는 전혀 연관이 없는 주요한 사회 악습을 해소해야 하는 것이

* 앙리 4세가 왕권을 위해 카톨릭으로 개종하며 했다고 알려진 말.

다. 갈등이 줄어들면 무분별한 권력 남용도 줄어들고, 사람들의 생계가 개선되면 인종 갈등도 줄어들게 된다. 그 외에는 어떤 수단으로도 이런 과업을 완수할 수 없다.

그 이유는 마찰의 주된 요인이 인종이 아니기 때문이다. 오늘날 분노를 불러오는 마찰이 어떤 부류인지는 누구나 알고 있다. 국가주의적 경쟁의식, 유산자의 현재 상황을 수호하고자 하는 필사적인 시도, 무산자의 필사적인 공격, 빈곤, 실업, 전쟁. 필사적인 인간은 자신의 불행을 해소하기 위해 희생양을 잡아들여 간단히 희생시키려 한다. 그런 것들은 자신을 괴롭히는 고통을 잠시 잊을 수 있는 마법의 해결책이 되어준다. 그리고 통치자와 착취자들은 이런 행위를 적극적으로 권장한다. 그들이 폭력에 사로잡혀 있기를 원하고, 그것을 막으면 더 어려운 주문을 하리라 생각하기 때문이다. 따라서 히틀러는 재무장 계획으로 소비재 공급을 줄이고 노동시간을 늘리고 실질 임금을 줄이면서, 동시에 1938년의 독일인들로 하여금 1919년의 패배가 유대인들 때문이었다고 믿게 만들고 인종 폭동을 부추겼던 것이다. 이런 행위에는 두 가지 목적이 있었다. 빈민에게 정부에 해를 끼치지 않는 분출구를 제공하며, 동시에 압수한 유대인의 재물로 정부 재정도 윤택해졌던 것이다.

제3제국에서 일어난 일련의 사건은 기나긴 유럽 반유대주의 선례의 뒤를 따른 것에 지나지 않는다. 중세의 다른 여러 탄압과 마찬가지로, 중세의 유대인 탄압은 인종보다는 종교적인 행위였다. 유대인과 비유대인의 결혼은 규탄받았으나, 인종주의적인 의도에서가 아니라 카톨릭과 이교도의 결혼을 규탄하는 것과 같은 이유에서 이루어졌다. 십자군 시대에는 고향 땅에서 십자군을 흉내 내어 그리스도의 복수를 하려는 군중에 의해 집단 학살pogrom이 일어났다. 군중은 유대인을 죽이고, 십자군은 아랍인과 투르크인과 싸우는 것이다. 유대인과 투르크인의 연결 고리는 인종적인 것이 아니었다. 십자군 시대에 유대인과 투르크인을 동일시한 이유는, 전자는 그리스도를 십자가에 매달았고 후자는 그리스도의 성묘를 소유하고 있기 때문이었다. 십자군이 시작한 것이 아닌 탄압들도 특정 인종의 혈통을 말살하겠다는 목표를 가지지는 않았다. 유대인은 배교의 대가로 안전을 얻을 수 있었다. 변절한 유대인이 탄핵하거나 숨겼던 대상은 자신의 종교이지, 인종이 아니었다. 유대인에게 호의를 보인 여러 교황과 통치자들은 유대인에게 '강제로 세례를 내리거나, 그리스도교의 의례를 준수하고 휘장을 착용하게 만들 수 없다'라는 법령을 공포하고는 했다. 심지어 1차 대전 때까지도 일부 독일인 인종차별주의자들은 갈등의 해소를 위해 유대 인종의 절멸이 아니라 융합이 필요하다고 주장했다. 거물 국가주의 역사가인 트라이츠케*의 경우에는 특히 그랬다. 그는 20세기의 여명기에 독일에서 가장 앞서 레이시즘을 통한 구원을 주창한 사람 중 하나였다.

그러나 유럽에서 인종 탄압이 종교 탄압을 대체하면서, 유대인의 열등성의 이유는 인종 때문으로 여겨지기 시작했다. 1800년대에 이르러 포그롬과 탄압의 물결이 유럽의 상당 부분을 휩쓸었다. 민중의 눈에는 부르주아가 실권을 쥔 것으로 보였고, 과거 분리정책으로 도시의 게토에 모여 살고 부동산 소유가 제한되어 있던 유대인들도 모두 부르주아로 취급되었다. 이렇게 유대인은 증오의 대상이 되었고, 유대인에 대한 종교적 적대감이라는 과거의 전통이 이런 증오를 강화시켰다. 인종주의적 반유대주의를 일으키는 일은 상당히 손쉬웠다. 1880년대 독일 보수당은 사회민주당에 대항하기 위해 악명 높은 반유대 선동가의 힘을 북돋워 주었다.** 시나고그가 불타고 유대인에 대한 폭력에는 아무런 처벌도 내려지지 않았다. 유대인이 인신공양 의례를 자행한다는 낭설이 부활했다. 프랑

---

* Heinrich Gotthard von Treitschke(1834-1896). 독일의 역사가, 정치 저술가. 극단적인 독일 민족주의자로서 독일 내부에 카톨릭, 폴란드인, 유대인, 사회주의자가 존재해서는 안 된다고 생각했다. 반면 열등 인종(아프리카인)은 군사력을 이용해 절멸시켜야 한다고 주장하기도 했다.

** Adolf Stoecker(1835-1909)를 말한다. 기독사회당을 창당하여 사회민주노동자당의 당원을 흡수하고자 했으며, 그 과정에서 반유대 설교를 적극적으로 활용했다. 명망 있는 루터파 신부가 적극적으로 유대인을 적대시한 것은 역사상 유례가 없는 일이었고, 사회적으로 큰 반향을 일으켰다.

스의 반유대주의 운동은 1890년대에 그 유명한 드레퓌스 사건과 함께 절정에 이르렀다. 이 사건은 아마 유럽 전체로 봐도 세계 대전 이전 반유대주의의 정점이라 할 수 있을 것이다. 반동적 정당의 영향이 가장 강한 영역인 군대에서, 전도유망한 유대인 참모장교 알프레드 드레퓌스 대위에게 누명을 뒤집어 씌우고 조작된 증거를 들이밀어 반역죄로 고발하면서, 1년 동안 나라 전체가 뒤흔들렸다. 프랑스의 영예를 위해 말하자면, 음모는 백일하에 밝혀졌고, 드레퓌스의 무죄가 입증되었으며, 진정으로 반역죄를 저지른 이들이 대중의 반유대주의를 이용해 유대인의 뒤에 숨으려 했다는 사실이 밝혀졌다.

현대적인 레이시즘을 가장한 유럽의 반유대주의를 자세히 연구하면 연구할수록, 갈등의 인종적이지 않은 요소들이 눈에 띄게 된다. 불평등한 시민권이라는 고전적인 문제가 그 안에 숨어 있다. 공장 노동자든 종교 분파든 특정 인종이든, 한 집단이 법률적 의미 때문이든, 아니면 생명권, 자유, 직업권의 동등함을 주장하기 때문이든 일단 차별을 받기 시작하면, 그 안에는 언제나 그 사실을 금전적으로 이용하고, 상황의 책임자가 아니라 비교적 안전한 쪽으로 폭력이 분출되게 만들려는 강력한 이익 집단의 존재가 눈에 띄게 마련이다. 유대인의 경우에는 과거 종교 탄압의 시대로부터 물려받은 온갖 구태의연한 증오의 관습이 존재했으며, 새로운 상황에서도 이런 요소를 그대로 사용할 수 있었다. 추가로 엄청난 이득도 기대할 수 있었다. 대부분의 차별받는 소수자들과는 달리, 유대인들은 종종 몰수 가능한 동산을 가지고 있었으며, 따라서 빈곤에 시달리는 정부 또는 대중에게 좋은 탄압 대상이었던 것이다.

따라서 반유대주의의 치료제는, 다른 모든 소수자 갈등과 마찬가지로, 모든 인간에게 온전한 시민권을 부여하고 모든 분야에서 성과를 낼 기회를 제공하는 것이라는 논리적인 결론을 내릴 수 있다. 반역자들이 유대인을 모함하면 법정에서 틀림없이 유죄를 내리리라고 생각하지 않았더라면, 드레퓌스 사건은 일어나지 않았을 것이다. 1938년 독일의 학살에 참여한 모든 이들이 국가가 자기들에게 책임을 지울 것임을 알고 있었더라면 그런 일도 일어나지 않았을 것이다. 소수자의 온전한 권리를 보장해야 하는 이유는 그저 탄압받는 이들을 위한 것만이 아니다. 소수자는 순교당할 뿐이지만, 탄압자들은 야만의 상태로 돌아가게 된다. 동등한 인권이라는 대가를 지불하고 싶지 않거나 지불할 능력이 없다면, 탄압자인 우리 자신이 그 덫에 걸려 야수성을 겪게 되는 것이다.

미국에서 남북전쟁 이후의 흑인 문제도 같은 사회적 교훈을 내려준다. 유색인종과 관련된 모든 계획에서 유일하게 신빙성 있는 목표는, 최종적으로 모든 법적, 교육적, 경제적, 사회적 차별을 철폐하는 것이다. 대부분의 남부 주들에서 이런 철폐가 최종적인 목표로조차 인정받지 못하는 이유는, 한편으로는 노예 소유주의 태도가 여전히 남아 있기 때문이고, 다른 한편으로는 미합중국의 흑인 대다수가 비참한 환경에서 살고 있기 때문이다. 흑인 대다수가 아직 온전한 시민권을 받을 준비가 안 되어 있다고 주장할 생각이라면, 우선 그들의 빈곤과 무지를 치료할 수 있는 사회적 조건을 마련해 주어야 하고, 이들이 더 나은 환경에서 어떤 부류의 시민이 될지는 그 후에 평가해야 할 것이다. 제대로 된 삶을 영위하며 존중의 대상이 되고 개인의 행적으로 뒤집을 수 없는 종족의 낙인이 찍히지 않을 것은 인간의 기본적 권리이며, 이런 권리를 부여할 수 있다면 엄청난 사회적 파급 효과를 일으킬 것이다.

신대륙 흑인에게 권리를 부여하는 사회 제도를 갖춘 시대와 지역에서는 남북전쟁 이후 미합중국보다 훨씬 나은 결과를 찾아볼 수 있었다. 훌륭한 관찰자인 브라이스 경은 브라질에 대해 다음과 같이 언급했다. '아프리카 동서 해안의 포르투갈 식민지들을 제외하면, 브라질은 유럽과 아프리카 인종의 혼합이 법률이나 관습의 제약 없이 가장 자유롭게 이루어지는 곳이다. 브라질에서는 인류 평등과 인류 연대가 완벽하게 이루어진다. 그 작업이 너무 만족스러워서 계급 갈등조차 거의 보기 힘들 정도다. 백인은 흑인을 린치하거나 학대하지 않는다. 사실 나는 남아메리카에서 정치적 격변 때문에 누군가에게 린치를 가했다는 이야기를 일부 경우를 제외하고는 거의 들어보지 못했다. 무례하다고 흑인을 비난하는 일도 없으며, 일반적으로 도덕심과 재산 관념이 느슨하며 무지한 주민들에게서 기대하는 정도 이상의 범죄가 일어나지도 않는다. 혈통의 혼합이 브라질의 유럽적 요소에 궁극적으로 어떤 효과를 보일지는 감히 예측하지 않기로 하겠다. 그래도 일부 주목할 만한 사례를 근거로 평가해 보자면, 보편적인 지적 수준의 저하를 불러오지는 않을 것이라 말할 수 있다.'[51]

브라질에서 이런 환경이 만들어질 수 있었던 것은, 콜럼버스의 식민 시대 이후 포르투갈인이 세계 곳곳에서 보였던 극단적인 인종 차별 배제 때문일 것이다. 현대 브라질에 비포르투갈 문화의 영향이 커져감에 따라, 흑인들도 어느 정도 고통을 겪기 시작하고 있다. 인종에 대한 차별이 시작되며 다른 지역과 같은 부류의 영향이 나타나기 시작했지만, 그래도 미합중국에 비하면 브라질의 경우는 그 폐해가 아직 경미한 편이다. 그러나 차별이 최소한에 머물러 있는 동안에는 훌륭한 사회적 결과를 보여주었던 것이 사실이다.

따라서 인종 탄압을 최소화하기 위해서는 탄압에 이르는 여러 조건을 최소화할 필요가 있다. 인종을 최소화해야 한다는 소리가 아니다. 인종 자체가 갈등의 근원이 아니기 때문이다. 갈등은 특정 집단이, 즉 이 경우에는 인종이, 그에 반하는 차별로 인해 계급으로 고착화할 때 발생한다. 그러면 그 인종은 소수자가 되어, 법의 보호를 받을 권리와 생업에 종사하고 일상생활을 영위할 권리를 잃게 된다. 집단을 규정하는 기준이 인종인지의 여부는 그 사회적 문제에 아무런 영향을 끼치지 못한다. 어느 쪽이든 건전한 사회적 목적은 소수자에 대한 차별을 철폐하는 것이다.

현대 세계에서 그런 목표는 너무도 요원한 것이라, 계획 자체가 불가능한 것처럼 보이기도 한다. 그러나 온 세상에서 인종 분쟁을 해소하려면 이런 계획으로도 부족하다. 단순히 소수자에게 법적으로 인권을 보장하는 것만으로 끝나지 않는다는 것이다. 다수자, 즉 탄압자들 또한 자기네에게 안전하고 품위 있는 삶을 영위할 기회가 주어진다고 굳게 확신해야 한다. 그렇지 않으면, 어떤 법이 보장하더라도 자신들의 절망 때문에 소수자를 희생양으로 삼아 피해를 입히는 일이 발생할 수밖에 없기 때문이다. 어느 국가에서든 실업을 줄이고, 삶의 질을 향상시키고, 시민의 자유를 확립하는 모든 활동은 결국 인종 갈등의 철폐에 이르는 단계로서 작용한다. 한 국가의 시민들을 공포로 짓누르고, 개인을 모욕하고, 시민의 자유를 빼앗고, 기회를 박탈하는 모든 활동은 갈등을 고조시키게 마련이다. 문명이 아무리 발전했더라도 인간은 여전히 닭장 앞뜰을 벗어나지 못한 존재다. 수탉에 쪼이는 암탉은 수탉이 아니라 약한 암

닭을 공격한다. 그 약한 암탉은 더 약한 암탉을 공격하고, 같은 방식이 마지막 닭 한 마리까지 이어지게 된다. 인간들 사이에도 이런 '쪼는 순위'가 있으며, '우월 종족'에 속해 있는데도 피해자가 된 이들은 또다른 피해자를 필요로 하게 마련이다.

진실을 말하자면, 레이시즘의 참화를 막으려는 계획의 이런 두 가지 측면, 즉 특권층의 민주적 기회와 비특권층의 민주적 기회는 서로 분리할 수 없다. 서로 긴밀하게 얽혀 있기 때문이다. 레이시즘 구호의 커다란 정치적 이득 중 하나는, 비특권층조차 그것을 사용할 수 있다는 것이다. 따라서 실업자와 저소득 계층은 소위 말하는 인종적 '우월성'에 근거하여 자신들의 두려움과 불안에서 유래한 증오를 다른 쪽으로 분출할 수 있다. 미국에서 행한 여러 연구에서는 반유대주의가 저소득층에서 가장 강하며 인종 박해의 최고점이 대공황의 최저점과 일치한다는 사실을 밝혀냈다. 우리가 남부에서 흑인의 생활, 보건, 교육 수준을 향상시키려면, 마찬가지로 남부의 가난한 백인의 수준 또한 향상시켜야 한다. 우리가 민주주의가 '제대로 작동'하게끔 만들어서 국가의 모든 노동력을 공익을 위해 사용할 수 있을 때까지, 미국의 인종 박해는 계속 존재할 것이다. 주거와 노동 환경이 이 나라의 여러 지역에서 찾아볼 수 있는 터무니없이 낮은 수준을 벗어날 때까지, 빈곤 때문에 억울하게 희생되는 사람은 항상 존재할 것이다. 산업 규제로 사회적 책임의 수행을 강제할 때까지, 가장 무력한 인종 집단을 착취하는 관습은 계속될 것이며, 그를 정당화하기 위해 인종주의적인 비난이 동원될 것이다.

오늘날의 냉정한 경제학자와 정치가들은 그런 상황이 계속되고 강화되도록 만든 근시안적인 정책을 판별해 내고는 한다. 그런 정책을 영속시키려 하는 자들은 알비파 십자군과 위그노 추방의 오류를 반복하고 있다. 영구적인 안녕을 저버리고 거짓되고 일시적인 이득을 얻는 것이다. 국가의 번영이란 아무리 얇게 썰어도 두 개의 측면을 가지게 마련이다. 판매 능력이란 구매 능력으로 이어진다. 고용은 생산으로 이어진다. 집단들이 서로 싸우기 시작하면, 현대의 산업과 재정 구조에서는, 어느 한쪽이 더 많은 것을 획득하도록 해 주는 가장 중요한 조건이 충족되면, 상대방도 더 많은 것을 얻게 된다. 집단 사이의 갈등은 진정으로 자살이나 다름없기 때문에, 갈등을 벌이는 주체들 자신의 이득을 위해서라도 양쪽 모두에 미래를 예비하는 규제가 필요한 것이다.

지난 10년간 우리는 국가의 만족스러운 상태를 유지하기 위해 정부가 수행해야 하는 의무를 훨씬 확고하게 인식하게 되었고, 역사의 관점에서 보면 이런 정부의 역할은 장기적으로 축소되기보다는 확장될 것이 분명하다. 민주 정부가 그 최저한의 정의를 만족시키고자 한다면, 다른 무엇보다도 해당 정치적 통일체의 모든 부분을 대변할 수 있어야 하고, 결과적으로 그 통일체의 모든 부분에 이득을 가져오는 계획을 제안할 수 있어야 한다. 오늘날에는 국가 정부를 제외하면 이런 의무 전체를 떠안을 조직을 찾아볼 수 없다. 지난 10년 동안 국가의 규제는 증가했고, 서구 세계는 국고를 활짝 열어 실업자를 구제하고 여러 나라에서 의무 연금 제도를 시행하기도 했다. 이를 비롯한 여러 국가적 사업을 경제적 차별을 최소화하는 데에도 사용할 수 있다. 시민적 자유의 평등은 이런 계획과 긴밀하게 연관되어 있으며, 여러 집단 사이에서 시민적 자유가 더욱 평등하게 적용될수록, 국가의 역할 증대를 두려워할 역사적 이유는 없다고 볼 수 있을 것이다. 더 나은 미국을 만들기 위한 모든 계획의 진정한 목적은, 모든 인간이 자신을 존중하는 삶을 살 수 있으며 그로 인해 국민 전반에 번영이 퍼질 것이라 확신하게 만드는 것이기 때문이다.

문화인류학자는 인간이 공익을 위해 함께 일하며 그 결실을 함께 거두어야 갈등이 종식된다고 믿을 만한 훌륭한 이유를 가지고 있다. 인류학자가 연구하는 대부분의 부족에서는 두 종류의 도덕 원리가 함께 공존한다. 하나는 관대한 환대와 후한 공유, 그리고 절도나 살인 등의 공격 행위를 처벌하는 것이다. 다른 하나는 눈에 보이자마자 죽이고, 고문하고, 절도를 칭찬하는 것이다. 전자의 도덕 원리는 경제적, 사회적 활동이 그들에게 이득이 되는 이들에게 적용된다. 이렇게 형성된 내집단에서는 배덕한 이들 말고는 아무도 처벌받지 않는다. 사냥에 성공한 사람이 누구든, 내집단 전체가 이득을 얻는다. 특정 개인이 보유한 특수한 기술은 집단 전체의 자산이 된다. 사제는 부족의 안녕과 공익, 이를테면 동식물 수량의 증가를 위해 의례를 집전한다. 전사들은 외부 약탈자들로부터 그들의 작은 집단을 보호한다. 반면 후자의 도덕 원리는 그들의 부족과 아무런 공통 목적이 없는 부족들에게 적용된다. 상대방이 어떤 행동을 해도, 그들의 식량이나 거주지가 증가하지도 않고, 축복이나 수호를 얻을 수도 없다. 울타리 밖의 자들인 셈이다. 내가 먼저 죽느냐, 아니면 적을 먼저 죽이느냐의 문제만 남는다.

그러나 내집단의 도덕률은 공유하는 이득을 제공해 주는 사회 제도에서만 등장할 수 있다. 식량 공급의 증가가 모두의 이득이 아니라 다른 누군가를 희생시켜야만 얻을 수 있는 것이라면, 초자연적 능력이 비처럼 모두에게 공평한 축복이 아니라 이웃에 대적하는 부적처럼 개인적인 목적으로 사용된다면, 법 또는 경제 또는 종교 제도가 특정인의 운명을 이웃의 손에 맡겨 버린다면, 탄압이 발생하게 된다. 모든 인간의 이득 또는 손해는 개인의 이득 또는 손해가 아니며, 부족이라는 단위 내에서 내집단 도덕이 적용되는 일도 사라진다. 이런 식으로 발생하는 탄압은 종종 주술의 성격을 지닌다. 이런 주술은 아주 사악한 행위이며, 공동체 차원에서 처벌을 내리지 않으면 피해자는 아무런 보상을 얻을 수 없다. 주술을 제대로 억제하지 않는 사회는 OGPU*나 게슈타포가 활동하는 현대 국가와 마찬가지다. 그리고 이들은 히틀러의 격언을 그대로 실행에 옮긴다. '우리는 증오, 증오, 더 많은 증오가 필요하다.'

따라서 내집단 도덕률은 부족의 모든 구성원이 경영의 결과물을 나누며, 서로의 활동에서 실제로 이득을 얻는다는 사실을 반영하는 것이다. 인류에게 있어, 내집단의 상호지원은 외집단에 대한 적개심만큼이나 본질적인 행위다. 위태로운 것도 아니고, 기나긴 사회적 진화 끝에 격리된 개인들 사이에서만 이룩될 수 있는 것도 아니다. 고도의 도덕적 종교가 등장하여 이타주의와 도덕적 의무를 설파하기 훨씬 전에 등장한 것이다. 그런 행위가 이득이 되도록 만드는 사회 체제가 존재하면 그저 자동적으로 등장하게 마련이다. 가장 저열한 야만인 사이에서도 자연스럽게 발생하며, 현대 문명의 가장 주요한 공헌 중 하나는 이런 내집단의 크기를 확장한 것이라 할 수 있다. 이쪽 측면에서의 발전은 비할 데가 없을 정도다. 오늘날에는 수백만의 사람들이 거대 국가의 시민으로서, 당의 일원으로서, 자본가로

---

* 합동 국가 보안부. 옛 소련의 국가 비밀경찰로 1934년에 폐지되고 내무 인민위원회NKVD로 개편되었다.

서, 노동자로서, 공통의 목적을 인지한다. 과거 역사에서는 작은 영토조차도 그 어떤 공통분모도 인식할 수 없는 열 개 이상의 적대적인 집단으로 나뉘어 있었는데 말이다. 오늘날의 생산 과정의 복잡성, 수송의 용이성, 금융 제도에 대한 상호의존은 문명의 가장 외진 지역에 사는 사람들조차 반대편의 파국에 영향을 받도록 만들었다.

따라서 문명의 진보 그 자체가 내집단의 상호의존과 상호지원에 이르는 초석을 깔았다고 할 수 있다. 인류는 아직 자신이 만들어낸 세계에 진정으로 필요한 제도를 제대로 조율해 내지 못했으며, 이런 오늘날의 문화적 지연은 국제 생존의 기반마저 위협하고 있다. 인간사를 다루는 많은 진지한 연구자들이 절망에 빠져 이런 결론을 내리고 말았다. '우리 아버지들의 세계는, 인간 본성의 진실을 무시하려 시도했기 때문에 무너져 버렸다. 포식동물에게 평화로운 사회 규범을 강요하려 애썼기 때문이다.' 이들은 이어 이렇게 말한다. '최근 벌어진 여러 사건에서 명확해진 사실은, 인간의 본질이 육식동물이며 언제나 약한 이웃을 찢어발긴다는 것이다. 우리는 인류의 운명에서 전쟁과 인종 탄압을 피할 수 없음을 인지해야 한다.' 인류학자들이 보기에 이런 절망적인 충고는 명백히 거짓이다. 내집단 도덕은 외집단 도덕만큼이나 '타고난' 것이지만, '특정 사회적 조건을 만족시켰을 경우에만 일어난다.' 이런 조건을 만족시키지 못하면 내집단 도덕은 얻을 수 없다. 우리나라를 예로 들자면, 보다 나은 미국이란 단순히 일부 집단만이 아닌 모든 시민에게 이득이 되는 곳이라 할 수 있을 것이다. 풍요 속에 굶주리고 일자리 없는 자들이 존재하는 한 재앙은 찾아올 것이 분명하다. 이를 피하기 위해서는, 모든 인간이 노동으로 생계를 꾸릴 임금을 벌어들일 기회를 얻고, 교육과 보건과 적절한 주거가 모두에게 주어지고, 인종, 신념, 피부색과 무관하게 시민적 자유가 보호받을 수 있도록 '단호하게 해결'해 나가야 할 것이다.

인종 갈등의 해소는 사회공학의 소임이다. 하지만 교육 측면에서는 어떨까? 종종 우리 교육제도가 인종 차별을 끝내는 역할을 자임해야 한다는 이야기가 들린다. 그리고 특수한 지침을 통해 관용을 달성하려는 시도가 이루어져 왔다. 물론 이 또한 중요한 일이기는 하지만, 그 효과의 한계에 대해서는 명확히 인지할 필요가 있으며, 그렇지 않으면 결국 실패한 후에 배신당했다고 울부짖게 될 뿐이다. 대상이 아동이든 성인이든, 모든 교육이 중요하고 필요한 이유는 마음을 열어주고 선입견을 배제하고자 하는 충동을 일으키기 때문이다. 이런 교육이 없다면 차별도 사라질 수 없을 것이며, 기회에 이르는 장벽도 무너질 수 없다. 그러나 좋은 충동이란 이런 결과를 달성하는 경우에만 효과가 있는 법이다. '지옥에 이르는 길은 선의로 포장되어 있다'고들 한다. 선의가 방법이 아니라 맹목적인 목적이 되어 버리면 문제가 생기게 마련이다. 진부한 이야기이기는 하지만, 인종 문제에서 학교의 역할을 논의할 때는 종종 망각되기 쉬운 문제다. 레이시즘과의 전투에서 교육의 위대한 힘을 제대로 사용하고 싶다면, 두 가지 목적을 언제나 명확히 인지하고 있어야 할 것이다. 일단 사회 과목에서 인종에 관한 진실과 우리 문명에서 여러 인종이 가지는 지분을 가르치는 것은 바람직한 일이다. 동시에 제대로 작동하는 민주주의의 이상을 중시하도록 가르칠 필요도 있다. 아동에게 여러 집단 사이에서의 상호의존을 이해하도록 할 필요도 있다. 우리 사회의 환경과 우리보다 나은 환경, 우리보다 못한 환경을 비교하도록 촉구할 필요도 있다. 불만족스러운 상황을 피할 수 없는 자연의 현실이 아니라, 노력하면 처리할 수 있는 문제로 인식하게 할 필요도 있다. 이런 교육이 이루어져야 학교 교육이 인종 갈등 개선의 기틀을 잡았다고 할 수 있을 것이다. 교육으로 중국 문명의 영광이나 유대인의 과학적 성취를 가르치는 것으로 만족해서는 곤란하다. 물론 가치 있는 일이기는 하지만, 거기서 멈추면서 인종적 관용을 가지기를 기대하는 것은 우리 자신을 기만하는 일이다. 인종 갈등의 해소를 학교에 맡겨야 한다는 논의의 치명적인 흠결은, 교육을 사회공학의 대체물로 추천한다는 것이다. 그런 계획에서는 위선밖에 나올 수 없다.

현대 사회에서 레이시즘에 대적하는 계획은 '민주주의의 실현'이라 할 수 있다. 미국에서 민주주의가 실현되는 과정을 볼 때, 이는 내집단의 상호지원이 만들어내는 유형의 행동을 만들어낼 것이 분명하다. 변화는 언제나 힘겹고 혼란을 불러오는 법이며, 우리는 이 사실을 인지하고 있어야 한다. 그러나 우리가 움직여야 하는 방향을 정확히 알고 있다면, 마음을 굳게 먹고 변화의 대가를 지불할 수 있을 것이다. 아랍에는 이런 격언이 있다. '선지자께서 말씀하셨으니, "원하는 것이 있다면 그를 취하고 마땅한 대가를 치르라."' 민주주의를 실현하기 위해서는 대가를 치러야 하지만, 다행스럽게도 이 경우에는 결과를 확신할 수 있다. 심지어 재정적인 측면에서도, 미국의 재건과 거주자 재수용, 토양 보존, 보건 및 교육, 보험 제도를 통한 국가 전체의 구매력 증가에 대한 정부의 투자는 충분한 보상으로 손해를 메워 줄 것이다. 나치 독일과 같은 사회 체제를 만들 때도 대가는 필요하다. 이 경우의 대가는 생활 수준의 하락, 사회 전체의 잔인성, 인권 무시, 과학과 지적 생활의 파괴였으며, 이는 민주주의가 치를 그 어떤 대가보다도 참혹했다. 나치는 희생자들을 탄압하며 자기 자신도 희생자가 된 것이다.

우리 건국의 아버지들은 희생자를 만들지 않고도 나라를 경영할 수 있다고 믿었다. 이제 우리가 그들이 잘못 생각하지 않았음을 증명할 때다.

사람들의 주장

한 인종의 이익과 손해는 나머지 모두가 똑같이 나누어 갖게 된
다.

제임스 러셀 로웰, 『환란 *The Crisis*』에서.

동방과 서방 문명 사이에 피할 수 없는 갈등이란 존재하지 않는
다. 도리어 두 문명은 경쟁보다는 서로 상보적인 관계다.

폴 새뮤얼 라인슈,* 『극동의 지적 및 정치적 시류 *Intellectual and
Political Currents in the Far East*』.

뉴욕, Houghton Mifflin Co., 1911, p. 35.

흑인이 자신의 현재 상태가 아니라 사회적 지위를 움직이고, 상
승시키고, 개선하려는 모든 노력은 언제나 반발을 불러오고, 편견
을 일으키고, 인종적 적개심을 자극했다. 이렇게 잉태된 인종 편견

---

* Paul Samuel Reinsch(1869-1923). 미국의 정치학자, 외교관. 『19세기
말의 국제정치』를 통해 제국주의 담론을 탐구했으며, 주중대사를 역임했
다. 국제관계학의 선구자로 여겨진다.

이란 단순히 보수성의 초보적 표현일 뿐이다.

로버트 E. 파크,[*] '인종 편견의 근거'. 『미국학회연감Annals of the
American Academy』, Vol. CXL, Nov. 1928, p. 13.

따라서 인종이란 중요한 사회적 의미를 지닌다…… 문화 지위의 상징이 되어서 약한 집단의 착취를 정당화하는 데 이용되고, 응당한 정치적 및 문화적 결과를 불러오게 된다. 문화 지위의 상징이 된 인종은 자동적으로 개인을 분류하는 일에 이용되고, 따라서 대상의 자유를 제한하고 허용되는 문화적 가치를 결정함으로써 발전을 저해하게 된다.

에드워드 B. 로이터,^{**} 『미국의 인종 문제American Race Problem』
뉴욕, T. Y. Crowell Co., 1927, p. 34.

---

* Robert Ezra Park(1864-1944). 미국의 도시사회학자. 미국의 초기 사회학계에서 가장 중요한 인물로 여겨지며, 인간과 환경의 관계를 탐구한 것으로 유명하다. 인종 관계를 깊이 연구하여 4주기설을 제창하기도 했으나, 훗날 인종의 선천적 본성을 언급했다는 이유로 비판의 대상이 되었다.

** Edward Byron Reuter(1880-1946). 미국의 사회학자. 미국의 인종 문제와 인종 혼합에 관한 연구서를 집필했으며, 흑인보다 흑백혼혈 혈통이 우월하다고 주장하기도 했다.

레이시즘 사고를 철학적으로 해설하자면, 인격을 구성하는 사회 및 지적인 요인을 외면하게 만들기 위해서 유전이라는 수수께끼를 설명으로 제공하는 행위라 할 수 있다.

자크 바준, 『인종, 현대의 미신*Race, A Study in Modern Superstiton*』.
뉴욕, Harcourt, Brace & Co., 1937, p. 282.

레이시즘의 고약한 송곳니가 우리 정치적 통일체에 깊이 박히기 전에 그와 맞서 싸우려면, 과학자는 특별한 의무를 수행해야 한다. 우리의 대학, 고등학교, 대중 인쇄물에서 과학의 미명하에 암약하는 거짓을 일소할 수 있는 것은 오직 과학자뿐이다. 하나의 인종, 하나의 국가, 또는 하나의 계급만이 통치할 권리를 신에게 부여받았다는 주장이 얼마나 터무니없는지를 증명할 수 있는 것도 오직 과학자뿐이다.

헨리 A. 월러스, 만국박람회 기념연설에서, 뉴욕, 1939년 10월 14일.

이방인 배척 운동은 그 유래를 막론하고 미국 정신의 역겨운 모조품이라 할 수 있다. 우리가 이 병든 세상에 제공할 수 있는 가장 가치 있는 기여는, 서로 다른 인종적 기원을 가지는 모든 남성과 여성이 함께 평화롭고 민주적으로 어울려 살 수 있다는 증거일 것이다. 충분히 과거로 돌아가면 이 땅의 모두는 원래 이방인이었다.

뉴욕타임스 사설, 1939년 12월 7일.

저자 주

1 『언어의 역사와 아리안어족의 본고장*Biography of Words and the Home of the Aryaans*』, 런던, 1888, p. 120.

2 나 자신도 이 책에서 언어를 가리키는 용어인 '슬라브'를 인종 용어로 사용하고 있다. 생물학적으로 해당 집단을 지칭하는 보편적인 용어가 존재하지 않기 때문이기도 하다.

3 어니스트 A. 후튼, 『유인원부터 살펴보는 인류*Up from the Ape*』, 뉴욕, 1931, p. 525.

4 프랭크 H. 행킨스, 『문명의 인종적 기초*Racial Basis of Civilization*』, 뉴욕, 1926, p. 350.

5 『괴테와의 대화』 III, 『인종, 현대의 미신』에서 자크 바준 인용.

6 칼튼 쿤, 『유럽의 인종*The Races of Europe*』, 뉴욕, 1939, p. 646.

7 ibid., p. 623.

8 A. C. 해든, 『민족이동론*Wanderings of Peoples*』, 런던, 1912, p. 47.

9 J. S. 헉슬리, A. C. 해든, 『유럽인으로서의 우리*We Europeans*』, 뉴욕, 펠리컨 북스, 1939, p. 95.

10 로만조 애덤스, '하와이의 독특한 인종 정책', 『인종과 문화 교제*Race and Culture Contacts*』, E. B. 로이터 편, 뉴욕, 1934, p. 145 ff.

11 J. S. 헉슬리, 『우생학과 사회*Eugenics and Society*』, 골턴 강연, 우생학 협회, 런던, 1936.

12 마르슬랭 불, 『화석 인류: 고인류학의 요소*Fossil Man: Elements of Human Paleoethnology*』.

13 피어슨, 『바이오메트리카*Biometrika*』, Vol. 8, 1923, pp. 292-337.

14 윌리엄 존 버첼, W. J. 솔러스 인용, 『고대의 사냥꾼들*Ancient Hunters*』, 런던, 1911, p. 272.

15 R. M. 여키즈, '미합중국 군대의 심리학적 검토', 『전미 과학 아카데미 학회지*Memoir of the National Academy of Sciences*』, 워싱턴, Vol. 15, vi, 1921, p. 790.

16 토머스 러셀 가스, 『인종 심리학, 인종별 지적능력 격차에 관한 연구*Race, Psychology, a Study of Racial Mental Differences*』, 뉴욕, 1931, p. 183.

17 오토 클라인버그, 『인종 차이*Race Differences*』, 뉴욕, 1935, p. 155.

18 클라인버그, op. cit., p. 182.

19 가스, op. cit., p. 219.

20 클라인버그, op. cit., pp. 185-86.

21 E. L. 손다이크, 『교육심리학*Educational Psychology*』, Vol. III, 뉴욕, 1921, p. 207.

22 가스, op. cit., pp. vii and 101.

23 클라인버그, op. cit., p. 189.

24 칼 캠벨 브리검, '이민자 집단의 지능 검사', 『심리학술지*Psychological Review*』, Vol. XXXVII, 프린스턴, 1930, p. 165.

25 허먼 조지프 멀러, 『어둠의 세상을 벗어나며: 생물학자가 본 미래』. 뉴욕, 뱅가드 프레스, 1935, p. 120.

26 가스, op. cit., p. 217.

27 R. A. 위티, M. D. 젠킨스, '천재 흑인 소녀 'B'의 사례', 『사회심리학 학술지
    Journal of Social Psychology』, 1935, vol. 6, p. 117.

28 귀스타브 르봉, 『민족의 심리학*The Psychology of Peoples*』, 런던, 1989, p. 37.

29 Ibid., p. 83.

30 프랭크 H. 행킨스, 『문명의 인종적 기초*The Racial Basis of Civilization*』, 뉴욕,
    1926, pp. 308-19; 364-66.

31 Ibid., p. 305.

32 L. D. 매크론의 『남아프리카의 인종 관념*Race Attitudes in South Africa*』에서
    인용, 런던, 1937, p. 7.

33 프로부슈-오스텐에게 보내는 편지, 1856년 6월 10일, 자크 바준 인용, 『인종,
    현대의 미신*Race, A Study in Modern Superstition*』, 뉴욕, 1937, p. 93, n. 5.(여
    기서 프로부슈-오스텐은 오스트리아의 외교관 프로케슈-오스텐의 오기로
    보인다-역자)

34 리돌포 리비, 『군사 인류측정학*Anthropometria militaire*』, 로마, 1896.

35 매디슨 그랜트, 『위대한 인종의 소멸*The Passing of the Great Race*』, 뉴욕,
    1916, p. 175.

36 Ibid., pp. 167-8.

37 Ibid., pp. 177.

38 Ibid., pp. 72-74.

39 Ibid., p. ix.

40 알레시 흐르들리시카, 『옛 미국인*The Old Americans*』, 볼티모어, 1925.

41 J. S. 헉슬리, A. C. 해든, 『유럽인으로서의 우리』, 뉴욕, 펠리컨 북스, 1939, p.

132.

42 소수자 집단 문제에 대한 훌륭한 토의는 다음 문헌에서 찾아볼 수 있다. 도널 드 영, 『미국의 소수민족*American Minority Peoples*』, 뉴욕, 1932.

43 매디슨 그랜트, 『위대한 인종의 소멸*The Passing of Great Race*』, 뉴욕, 1916. 클 린턴 스토다드 버, 『미국의 인종 유산*America's Race Heritage*』, 뉴욕, 1922. 로 스롭 스토다드, 『문명에 대한 반란: 열등 인간의 위협*The Revolt Against Civilization; the Menace of the Under Man*』, 뉴욕, 1922. 찰스 윈드롭 굴드, 『미국: 가족의 문제*America: A Family Matter*』, 뉴욕, 1922. 헨리 페어필드 오 스본, 『파르나서스에 오른 인간*Man Rises to Parnassus*』, 뉴욕, 1927.

44 장-루이 아르망 데 콰트르파주, 『프로이센 인종*The Prussian Race*』, 런던, 1872. 이사벨라 이네스 역.

45 폴 브로카, 『인류학적 수상록*Mémoires d'anthropologie*』, 파리, 1871.

46 휴스턴 스튜어트 체임벌린, 『19세기의 기초*Die Grundlagen des neunzehnten Jahrhunderts*』, 뮌헨, 1899. 영역: 『19세기의 기초*The Foundation of the Nineteenth Century*』, 런던, 1911, 총 2권. 존 리스 역.

47 Ibid., Vol. I, p. 499, 주석.

48 Ibid., Vol. I, p. 491.

49 알프레트 로젠베르크, 『20세기의 신화*Der Mythus des zwanzigsten Jahrhunderts*』, 뮌헨, 1935.

50 윌리엄 어니스트 캐슬, '인종 교잡의 생물학적 및 사회적 결과', 『미국 형질인 류학 학술지*American Journal of Physical Anthropology*』, vol. IX, p. 145-146.

51 제임스 브라이스, 『남아메리카, 관찰과 인상*South America, Observations and Impressions*』, 뉴욕, 1914, pp. 477, 480.

옮긴이의 말

　모든 텍스트는 당대의 사회적 통념과 목적을 염두에 두고 읽어야 한다. 그런 면에서 루스 베네딕트의 〈레이시즘〉은 저자의 당대 독자들과 현대의 우리에게 가지는 의미가 상당히 달라진 텍스트로 간주해야 할 것이다. 그 이유 중 하나는 이 텍스트가 맞서 싸우고자 하는 대상인 나치즘 및 반이민법, 그리고 그 이론적 배경이 된 여러 과학적 인종주의, 이를테면 골상학 등이 이미 과거의 사상이 되었다는 것이다. 전 세계에서 파시즘이 발호하던 1940년에는 베네딕트의 선언이 지금보다 훨씬 큰 의미를 지닐 수밖에 없었을 것이다. 다른 하나의 이유는, 나치즘의 패망과 함께 그 모든 사상이 구시대의 산물이 되었음에도 미국 내의 인종주의는 조금도 수그러들지 않았으며, 체제에 스며든 인종주의를 분석하는 일에서 베네딕트와 그 스승인

프란츠 보아스의 시각이 한계를 보였기 때문일 것이다.

　동시대에도 시카고학파의 여러 학자가 비슷한 비판을 제기한 바 있는데, 특히 마르크스주의 사회학자이며 본인도 트리니다드 출신 흑인이었던 올리버 C. 콕스는 "착취당하는 인종은 계속 착취가 가능한 동안에만 존재가 허락된다. (종교적인 이유로) 탄압받는 자들은 신앙을 포기하겠다고 동의하면 존재가 허락된다. 따라서 종교적 탄압과 인종 지배는 근본적으로 다른 사회적 현상이다"라고 언급하여 인종 차별이 보편적 탄압의 한 형태라는 베네딕트의 견해를 비판했다.* 우생학에 경도된 여러 인류학자와 사회학자의 발언을 계속 인용 또는 언급하는 것도 현대의 독자에게는 거부감이 생길 법한 일이다. 실제로 베네딕트가 긍정적으로 인용하는 학자 중에는 후대에 우생학 지지자로서 비판의 대상이 된 이들이 여럿 존재한다. 다만 베네딕트가 이 책을 저술했던 시대에는 우생학의 일부 개념이 공공연하게 논의되었으며, 우생학의 목표를 받아들였으나 인종에 따른 능력의 우열은 존재하지 않는다고 주장했던 학자들의 논변이, 인종의 근본적 차이점을 논하는 과학적 인종주의의 논리를 타파할 때는 쓸모가 있었음을 고려해야 할 것이다. 인

---

* 〈The Racial Theories of Robert E. Park and Ruth Benedict〉, Oliver C. Cox, *The Journal of Negro Education*, Vol.13, No.4 (Autumn, 1944)

종차별의 양쪽 진영 모두에 우생학자들이 존재했다는 사실 자체가 그저 숨길 수만은 없는 20세기의 일부이기도 하다. 자연과학과 사회과학 양쪽 측면에서, 베네딕트의 해당 텍스트가 비판적 독서를 요구한다는 점은 의심의 여지가 없을 것이다.

이제 루스 베네딕트의 통찰은 전혀 다른 측면에서 의의를 지닌다. 20세기를 광란의 시대로 만들었던 하나의 사조에 대해서, 동시대인의 시각으로 철저히 분석한 텍스트이기 때문이다. 21세기의 시선으로 보기에는 너무나도 비인도적이고 몰상식적이기 때문에, 우리는 종종 나치즘과 아리안주의를 타자화하는 편리한 길을 택하곤 한다. 그러나 나치 인종주의의 저변에는 19세기부터 토대가 되어 온 수많은 사상과 문필이 존재하며, 그 흐름을 살펴보지 않고서는 악의 근원을 이해하는 일에도 한계가 있을 수밖에 없다. 게다가 그런 흐름 중 하나인 우생학은 2차 대전이 끝난 후에도 여러 서방 국가에서 장애인과 낙태 정책에 큰 영향을 끼치기도 했다. 이 책은 그런 20세기의 어둠을 되짚어보려는 이들에게 좋은 안내서가 되어줄 수 있을 것이다.

〈국화와 칼〉이 그렇듯이, 〈레이시즘〉 또한 20세기 중반의 격렬하고 참혹했던 광기의 역사와 그것을 해석하고자 노력했던 초기 사회학과 인류학의 흐름을 고려해야 온전히 그 가치를 만끽할 수 있는 텍스트일 것이다. 그리고 '〈레이시즘〉은 인종적 편견이 지속되는 한 계속해서 계속해서 재인쇄될 가치가 있다'고 한 〈뉴욕 타임즈〉의 서평처럼 우리 인류에게 인종이라는 문제가 정치적으로 이슈가 되는 일이 사라지지 않는 한 이 책이 주는 메시지는 경종으로서 계속해서 유효할 것이다. 또한 20세기의 위대한 지성 중 한 명인 루스 베네딕트의 우리에게는 알려지지 않은 면모를 이해하는 데에도 이 작은 책은 많은 도움을 줄 수 있으리라 생각한다.

옮긴이 | 조호근

서울대학교 생명과학부를 졸업하고 과학서 및 SF, 판타지, 호러 장르 번역을 주로 해왔다. 옮긴 책으로『물리는 어떻게 진화했는가』『아마겟돈』『SF 명예의 전당 2: 화성의 오디세이』(공역)『장르라고 부르면 대답함』『SF 세계에서 안전하게 살아가는 방법』『도매가로 기억을 팝니다』『컴퓨터 커넥션』『타임십』『런던의 강들』『몬터규로즈 제임스』『모나』『레이 브래드버리』『마이너리티 리포트』등이 있다.

레이시즘

초판 1쇄 발행 2023년 10월 25일

지은이 루스 베네딕트
옮긴이 조호근

펴낸곳 서커스출판상회
주소 경기도 파주시 광인사길 68 202-1호(문발동)
전화번호 031-946-1666
전자우편 rigolo@hanmail.net
출판등록 2015년 1월 2일(제2015-000002호)

ISBN 979-11-87295-80-8 03300